家庭学習をトータルサポート！ ニチガクのオリジナル 効果的 学習法

1 まずは「入試傾向」を読む！

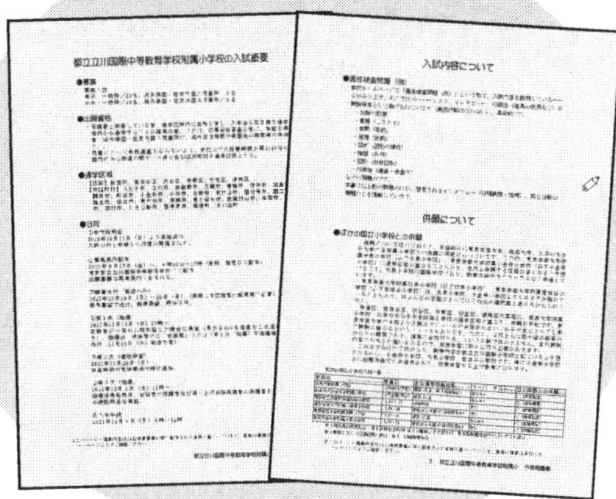

事前に発表された内容に基づく試験概要・内容・日程などを分析したページを御覧ください。

2 問題をすべて読み、出題傾向を把握する

3 「学習のポイント」で学校側の観点や問題の解説を熟読

4 はじめて予想問題にチャレンジ！

5 プラスα 対策問題集や類題で力を付ける

問題集のこだわり

問題ページ、イラストページが独立しており、お子さまにすぐに取り掛かっていただける作りになっています。
ニチガクの学校別問題集ならではの、学習法を含めたアドバイスを利用して効率のよい家庭学習を進めてください。

各問題のジャンル

JN035429

問題7 分野：図形（図形の構成）

〈解答〉 下図参照

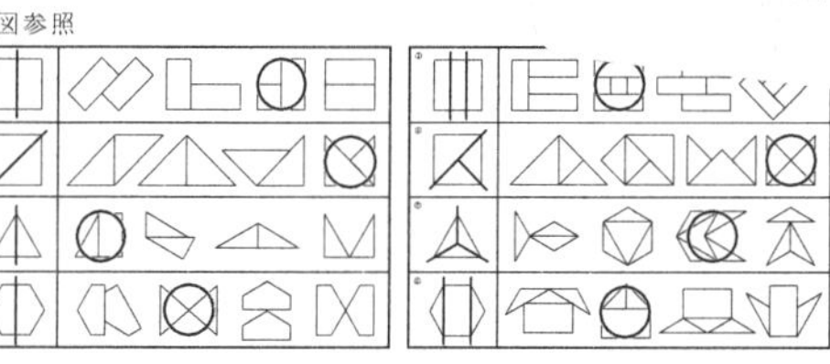

図形の構成の問題です。解答時間が圧倒的に短いので、直感的に答えないと全問答えることはできないでしょう。例年ほど難しい問題ではないので、ある程度準備をしたお子さまなら可能のはずです。注意すべきなのはケアレスミスで、「できないものはどれですか」と聞かれているのに、できるものに○をしたりしてはおしまいです。こういった問題では基礎とも言える問題なので、もしわからなかった場合は基礎問題を分野別の問題集などでおさらいしておきましょう。

【おすすめ問題集】
★筑波大附属小学校図形攻略問題集①②★（書店では販売しておりません）
Jr・ウォッチャー9「合成」、54「図形の構成」

学習のポイント

各問題の解説や学校の観点、指導のポイントなどを教えます。
今日から保護者の方が家庭学習の先生に！

おすすめ対策問題集

分野ごとに対策問題集をご紹介。苦手分野の克服に最適です！
＊専用注文書付き。

東京都立 立川国際中等教育学校附属小学校
過去・対策問題集

発行日　2023年2月24日
発行所　〒162-0821 東京都新宿区津久戸町 3-11
TH1ビル飯田橋 9F 日本学習図書株式会社
電　話　03-5261-8951 ㈹

ISBN978-4-7761-5536-2
C6037 ¥2000E

定価2,200円
(本体2,000円＋税10%)

詳細は http://www.nichigaku.jp 日本学習図書 検索

東京都立立川国際中等教育学校附属小学校　専用注文書　　　年　月　日

合格のための問題集ベスト・セレクション

＊入試頻出分野ベスト３

1st 図　形　観察力　思考力

2nd お話の記憶　集中力　聞く力　知　識

3rd 言　語　語　彙　知識

ペーパーテストでは、言語、図形、推理など幅広い分野の基礎問題が出題されようです。取りこぼしをしないよう各分野の基礎学習を行っておきましょう。

分野	書　名	価格(税込)	注文	分野	書　名	価格(税込)	注文
図形	Ｊｒ・ウォッチャー１「点・線図形」	1,650円	冊	常識	Ｊｒ・ウォッチャー34「季節」	1,650円	冊
図形	Ｊｒ・ウォッチャー２「座標」	1,650円	冊	言語	Ｊｒ・ウォッチャー49「しりとり」	1,650円	冊
図形	Ｊｒ・ウォッチャー５「回転・展開」	1,650円	冊	巧緻性	Ｊｒ・ウォッチャー51「運筆①」	1,650円	冊
図形	Ｊｒ・ウォッチャー６「系列」	1,650円	冊	巧緻性	Ｊｒ・ウォッチャー52「運筆②」	1,650円	冊
図形	Ｊｒ・ウォッチャー８「対称」	1,650円	冊	図形	Ｊｒ・ウォッチャー54「図形の構成」	1,650円	冊
数量	Ｊｒ・ウォッチャー14「数える」	1,650円	冊	言語	Ｊｒ・ウォッチャー60「言葉の音（おん）」	1,650円	冊
推理	Ｊｒ・ウォッチャー15「比較」	1,650円	冊		お話の記憶問題集 中級編・上級編	各2,200円	冊
記憶	Ｊｒ・ウォッチャー19「お話の記憶」	1,650円	冊		面接最強マニュアル	2,200円	冊
巧緻性	Ｊｒ・ウォッチャー25「生活巧緻性」	1,650円	冊		１話５分の読み聞かせお話集①②	1,980円	冊
観察	Ｊｒ・ウォッチャー29「行動観察」	1,650円	冊		新 個別テスト・口頭試問問題集	2,750円	冊
推理	Ｊｒ・ウォッチャー31「推理思考」	1,650円	冊		新 運動テスト問題集	2,420円	冊

合計	冊	円

（フリガナ） 氏　名	電　話 ＦＡＸ E-mail
住 所　〒　　　－	以前にご注文されたことはございますか。 有 ・ 無

★お近くの書店、または記載の電話・FAX・ホームページにてご注文をお受けしております。
電話：03-5261-8951　FAX：03-5261-8953　代金は書籍合計金額＋送料がかかります。
※なお、落丁・乱丁以外の理由による商品の返品・交換には応じかねます。
★ご記入頂いた個人に関する情報は、当社にて厳重に管理致します。なお、ご購入の商品発送の他に、当社発行の書籍案内、書籍に関する調査に使用させて頂く場合がございますので、予めご了承ください。

日本学習図書株式会社
http://www.nichigaku.jp

こんなこと…ありませんか？

「ニチガクの問題集…買ったはいいけど、、、
この問題の教え方がわからない（汗）」

メールでお悩み解決します！

☆ホームページ内の専用フォームで必要事項を入力！
☆教え方に困っているニチガクの問題を教えてください！
☆確認終了後、具体的な指導方法をメールでご返信！
☆全国どこでも！スマホでも！ぜひご活用ください！

<質問回答例>

学習のポイント

推理分野の学習では、後の学習に活きる思考力を養うことができます。ご家庭で指導する場合にも、テクニックにたよらず、保護者の方が先に基本的な考え方を理解した上で、お子さまによく考えさせることを大切にして指導してください。

Q.「お子さまによく考えさせることを大切にして指導してください」と学習のポイントにありますが、考える習慣をつけさせるためには、具体的にどのようにしたらいいですか？

A.お子さまが考える時間を持てるように、質問の仕方と、タイミングに工夫をしてみてください。
たとえば、「答えはあっているけど、どうやってその答えを見つけたの」「答えは○○なんだけど、どうしてだと思う？」という感じです。はじめのうちは、「必ず30秒考えてから手を動かす」などのルールを決める方法もおすすめです。

まずは、ホームページへアクセスしてください!!

http://www.nichigaku.jp　日本学習図書　検索

家庭学習ガイド
東京都立立川国際中等教育学校附属小学校

入試情報

応募者数：男子 187 名　女子 190 名
出題形態：ペーパー
面　　接：志願者面接
出題領域：ペーパー、志願者面接（口頭試問）、運動テストなど

入試対策

2022 年度がはじめての入試でした。「行動観察（集団行動）」は、コロナ対策で、２日間予定されていた考査日が１日になったため、実施されませんでした。考査は、ペーパーテスト→インタビュー→運動テストの順に実施されました。全体的に考査内容は標準的なものであったため、試験では差がつきにくく、些細なミスも許されない試験となりました。出題の仕方が、肉声・ビデオ・録音問題と多岐に及んでいたため、生活体験の量でも差がついたようです。そのため、ふだんから読み聞かせや対話を十分に行い、言葉遊びやふだんの会話を大切にするなど、意識的に日常生活をおくる必要があります。

●面接は志願者１名に対して面接官２名で行われ、質問に対して答える力を観られるため、ふだんからお子さまとの会話を行い、保護者が質問をする→お子さまが答える、その答えに対してまた質問するなど、お子さまに「考えさせる」ことが重要になってきます。

「東京都立立川中等教育学校附属小学校」について

＜合格のためのアドバイス＞

都立小学校第１号として、そして国内初の小・中・高一貫校として開校され、2023年度の応募者数は377名が志願し、6.8倍の倍率となりました。

適性検査としては、ペーパーテストとしてお話の記憶・常識（季節・言語）・数量・図形・運筆の５題、午後にインタビューと運動遊びが行われました。

ペーパーテストの基本出題方針は「物語を聞き、整理しながら記憶して理解する力、物事の関連性や数量や図形についての理解力、論理的に物事を考える力、指示内容の理解力や筆記具の使用力を観るのが出題の方針」というものでしたが、いずれの問題も、小学校入試の問題としては標準的なもので、試験対策というより、ある程度意識的に日常生活をおくれているかどうかを重視する内容でした。日常的な読み聞かせや言葉遊び、外出中の会話を大切にしてください。

当校では小学校１年生からの英語の授業や３年生からの第二外国語など、外国語教育に力を入れることを謳っていますが、その礎石としての基本的な言語感覚を観られているようです。また、図形を反転して考える問題は、論理的思考を問うものですが、まずはクリアファイルなど透過性のあるものに図形を書き、ひっくり返して観察するなどの実経験から、次第に抽象的な思考を促すようにしてください。

午後のインタビューでは、上述の言語能力のほか、コミュニケーションスキルについても観られています。質問を理解して、自分の考えを言語化して伝えられることが望ましいでしょう。運動遊びで重視されるのは、運動の巧拙よりも、協調性と指示通りに身体を動かせるか、複数の動きを組み合わせて体を動かす力を観られます。

カリキュラムの先進や倍率などがクローズアップされていますが、学校が求めることを理解して、12年間当校で学び続けることを念頭に置いて、試験対策だけでなく思考力や判断力、表現力といった視野で臨まれることをおすすめします。

〈2023年度選考〉

●ペーパー
・お話の記憶・数量など

●面接
・志願者のみで行う

●運動
・ケンケンパー

◇過去の応募状況

2023年度 男187名 女190名

2022年度 男916名 女881名

東京都立
立川国際中等教育学校附属小学校
過去・対策問題集

〈はじめに〉

現在、少子化が叫ばれているにもかかわらず、私立・国立小学校の入学試験には一定の応募者があります。入試は、ただやみくもに学習するだけでは成果を得ることはできません。志望校の過去における出題傾向を研究・把握した上で、練習を進めていくこと、試験までに志願者の不得意分野を克服していくことが必須条件です。そこで、本問題集は小学校を受験される方々に、志望校の出題傾向をより詳しく知って頂くために、出題頻度の高い問題を結集いたしました。最新のデータを含む精選された過去問題集で実力をお付けください。

また、志望校の選択には弊社発行の「**2024年度版　首都圏・東日本　国立・私立小学校　進学のてびき（4月下旬刊行予定）**」をぜひ参考になさってください。

〈本書ご使用方法〉

◆出題者は出題前に一度問題を通読し、出題内容などを把握した上で、〈**準　備**〉の欄に表記してあるものを用意してから始めてください。
◆お子さまに絵の頁を渡し、出題者が問題文を読む形式で出題してください。問題を読んだ後で、絵の頁を渡す問題もありますのでご注意ください。
◆「**分野**」は、問題の分野を表しています。弊社の問題集の分野に対応していますので、復習の際の目安にお役立てください。
◆一部の描画や工作、常識等の問題については、解答が省略されているものがあります。お子さまの答えが成り立つか、出題者が各自でご判断ください。
◆〈**時　間**〉につきましては、目安とお考えください。
◆本文右端の［**○年度**］は、問題の出題年度です。［**2023年度**］は、「2022年の秋に行われた2023年度入学志望者向けの考査で出題された問題」という意味です。
◆**学習のポイント**は、指導の際にご参考にしてください。
◆**【おすすめ問題集】**は各問題の基礎力養成や実力アップにご使用ください。

〈本書ご使用にあたっての注意点〉

◆文中に**この問題の絵は縦に使用してください。**と記載してある問題の絵は縦にしてお使いください。
◆〈**準　備**〉の欄で、クレヨン・クーピーペンと表記してある場合は12色程度のものを、画用紙と表記してある場合は白い画用紙をご用意ください。
◆文中に**この問題の絵はありません。**と記載してある問題には絵の頁がありませんので、ご注意ください。なお、問題の絵の右上にある番号が連番でなくても、中央下の頁番号が連番の場合は落丁ではありません。
下記一覧表の●が付いている問題は絵がありません。

問題1	問題2	問題3	問題4	問題5	問題6	問題7	問題8	問題9	問題10
					●	●			
問題11	問題12	問題13	問題14	問題15	問題16	問題17	問題18	問題19	問題20
					●		●		
問題21	問題22	問題23	問題24	問題25	問題26	問題27	問題28	問題29	問題30

㊢ 先輩ママたちの声！

◆実際に受験をされた方からのアドバイスです。
ぜひ参考にしてください。

東京都立立川国際中等教育附属小学校

・「お話の記憶」は文字数が多いわけではないので、頭に情景を浮かべて聞き逃さないようにすることが重要です。

・「図形」と「季節」は各１～２問ずつ出題されていました。難易度は高くありませんので、ふだんからの学習で対応可能です。

・志願者の控室や保護者の待合室が寒く、長く待たされたのでカイロや防寒着などが必要でした。飲み物も持参したほうがいいでしょう。寒い時期なので、体調管理が重要です。

・待ち時間が長いので、しっかりと待つ訓練もやったほうがよいです。この待機時の様子も観られているようでした。保護者も、試験が終わるまで会場から出られないので、時間をつぶす本などを所持したほうがよいでしょう。

・保護者と志願者は会場で離されるので、離れても大丈夫なように訓練したほうがよいと思いました。

・運動テストがあるので女子のスカートは避けたほうがよさそうです。そしてなるべく、動きやすい服装を心がけてください。

・試験官に受験番号を聞かれるので、志願者と保護者は自分の番号を覚えておいたほうがよいでしょう。

・「座ってください」という先生からのアナウンスがありましたが、椅子はないので敷物やひざ掛けなどを持参したほうがよいでしょう。

・あまり色々とつめ込まないこと、受験直前は楽しくすごすこと。（子どもの表情に出ます）毎日をていねいにすごし、気負わず楽しく、一日を大切にすごすことをおすすめします。

・子どもたちが試験の間、水分補給ができないことが気になりました。

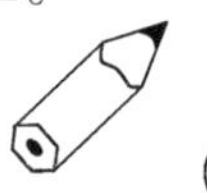

◎学習効果を上げるため、前掲の「家庭学習ガイド」及び「合格のためのアドバイス」をお読みになり、各校が実施する入試の出題傾向を、よく把握した上で問題に取り組んでください。
※冒頭の「本書のご使用方法」「ご使用にあたっての注意点」も併せてご覧ください。

2023年度の最新入試問題

問題１　分野：記憶（お話の記憶）

〈準備〉　鉛筆

〈問題〉　お話を聞いて後の質問に答えてください。

もうすぐ動物村のお楽しみ会です。サルさんとカメさんとクマさんとニワトリさんたちが集まって「お楽しみ会」で何をやろうか相談をしていました。しかし、なかなか思いつきませんでした。そこで、ニワトリさんがサルさんに「お楽しみ会に何をしたらよいと思う」と聞きました。するとサルさんは「ニワトリさんは絵をかくのがうまいから、村のみんなに聞いて、みんなの好きな絵をクレヨンで描いて、プレゼントをしたらどうかな」と言いました。今度は、サルさんがカメさんに「お楽しみ会でどうしようかな」と相談しました。カメさんは「サルさんは、毎日畑のお手伝いをやって、野菜のことをよく知っているから、野菜のクイズを出したら盛り上がると思うよ」と言ってくれました。「そうか、それならキュウリやトマトなどを使って面白いクイズを出そう」と言いました。すると今度はカメさんがクマさんに「お楽しみ会でなにをしたらいいと思う」と聞きました。クマさんは「カメさんは折り紙を折るのがうまいから、折り紙で何かを折って、村のみんなにプレゼントをしたらよいと思うよ」と答えました。クマさんは、サルさんやカメさん、ニワトリさんのお話を聞いていて、ニワトリさんに聞きました。するとニワトリさんは「虫の紙芝居を使って虫のことを村のみんなに教えてあげたらよいと思うな。この間、図書館に行ったとき、タヌキさんが紙芝居を読んでいて、それを聞いていたお友だちはとても楽しそうだったよ」と言いました。「そうか、村にはテントウムシやチョウチョウがいるから、その紙芝居を作ろう。と言いました。その話を聞いていたサルさんもカメさんも「よいと思う」と言ってくれました。

（問題１の絵を渡す）
①ニワトリさんは「お楽しみ会」で何をしたらよいかを誰に聞きましたか。聞いた動物を大きな○で囲みましょう。
②クマさんは何を作ったらよいといわれましたか。そのものを大きな○で囲みましょう。

〈時間〉　30秒

〈解 答〉 下図参照

学習のポイント

お話は短く、シンプルな内容となっていますが、それぞれの動物が誰に聞き、聞かれた動物はどう答えたかをしっかりと結び付けて記憶することが求められます。このような問題の場合、単に解答がどうであったかを問うよりも、それぞれの内容がしっかりと結びつけて記憶ができているかを確認してください。家庭学習で最も大切なことは、しっかりと記憶力を身につけることにあります。そのためには、何を問われてもしっかりと答えられなければなりません。問題にはありませんが、口頭試問形式で、他の関連性を問うことを取り入れてみてください。こうした力を身につけるには、読み聞かせを行うこと、また、お手伝いなどの指示はまとめて伝えるなど、しっかりと聞き、覚え、実践させることを取り入れることをおすすめ致します。このように、学習以外での経験量を増やすことで、記憶する力をさらに伸ばしていきましょう。

【おすすめ問題集】

1話5分の読み聞かせお話集①②、 お話の記憶 初級編・中級編、
Ｊｒ・ウォッチャー19「お話の記憶」

問題2　分野：言語（しりとり）・常識（季節）

〈準備〉　青色の鉛筆

〈問題〉　①左の□の絵に続いてしりとりをしたときに、1枚の絵が使われません。その絵を大きな〇で囲んでください。

②左には笹飾りがあります。日本には春夏秋冬の季節があります。笹飾りを飾る季節と同じ季節の物を大きな〇で囲んでください。

〈時間〉　30秒

〈解答〉　下図参照

学習のポイント

しりとりの問題は、左の四角の中からしりとりをつないでいく解答方法もあります。他には、選択肢の中だけでしりとりをつないでいく方法もあります。この場合、順番につないでいく方法と、最初に2つの絵をつなぎ、それを更につないでいく方法があります。選択肢の中だけでしりとりをした場合、一つだけつながらずに残り、これが解答になります。この方法で解答しましょうとはいいませんが、複数の解答方法を身につけておくと、より正答に近づきます。この複数のアプローチ方法を修得しておくことは、他の領域の問題でも同じことが言えますので、色々な解答方法を習得しましょう。この問題は、近年、出題頻度の高い季節（常識）の問題です。こうしたことは言葉や絵などで説明するよりも、実際に体験した方がしっかりとお子さまの中に残ります。よく、生活体験を積みましょう、と言われますが、こうした問題のときに生活体験が活きてきます。

【おすすめ問題集】

Ｊｒ・ウォッチャー34「季節」、49「しりとり」、60「言葉の音（おん）」

問題3 数量（1：1の対応）・回転図形

〈準 備〉 クーピーペン

〈問 題〉 ①上の絵を見てください。縄跳びをかけておくフックが4つあります。ここにある縄跳びをかけるには、あといくつのフックがあればよいでしょうか。その数だけ右のフックを○で囲んでください。

②左下の絵を見てください。上のタオルを裏側の方に下から上へ半分に折りました。見えている半分の方が、矢印の下の絵です。見えていない裏側の絵は右側のどれでしょうか。○を付けてください。

〈時 間〉 30秒

〈解 答〉 下図参照

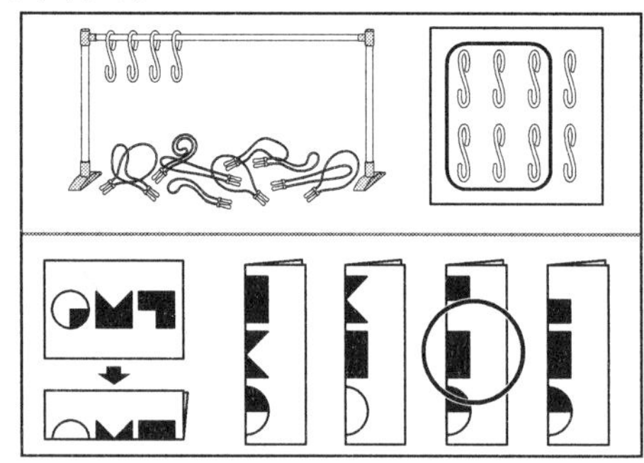

学習のポイント

上の問題は、問題をしっかりと聞いているか。数を正確に数えられているか、解答方法をしっかりと理解して対応できているか。この3点がこの問題の観点となります。中でも解答方法の「足りない数だけフックを○で『囲む』」という指示が出ています。『囲む』わけですから、しっかりと全体を○の中に納めなければなりません。小さなことかもしませんが、こうした小さなことが合否を分けることを知っておいてください。②の問題は、お子さま自身に答え合わせをさせてみるとよいでしょう。まず、どのようにしたら答え合わせができるか、という点から考えるとよいと思います。考えるだけで論理的思考力を鍛えることができます。この問題の場合、クリアファイルを使用しても、鏡を使用してもよいと思います。時間がかかるかもしれませんが、お子さまの思考力を鍛えることはできます。また、正解以外のものは、どこが違うのかを言わせましょう。このような問題は、急にできるようにはなりません。日々少しずつ練習をしましょう。

【おすすめ問題集】

Ｊｒ・ウォッチャー38「たし算・ひき算1」、39「たし算・ひき算2」、59「欠所補完」

問題4　分野：図形

〈準 備〉　なし

〈問 題〉　（4－1の絵を見せる）
左側にいろいろな形がつながった紐が描いてあります。この紐の両端を結んでつないだとき、真ん中の絵に描いてある大きな□の所には、どの形がくるでしょう。その形を右から選んで○を付けてください。

（4－2の絵を見せる）
左の上の絵を見てください。折り紙に絵が描いてあります。この折り紙の裏側にも同じ絵が描いてあります。この折り紙を真ん中から手前に半分に折ると下のようになります。これをまた右から左に半分に折った時、上にはどの絵がくるでしょうか。右から探して○をつけてください。

〈解 答〉　4－1　1番上、4－2　左から2番目

〈時 間〉　1分

学習のポイント

この問題は、系列を解くときに使用する方法を応用して解くことができます。系列の場合、一つの絵の中で指を同じ方向に動かして解くと思います。この問題の場合、同じ絵の中で行うのではなく、左の絵と真ん中の絵を比較することで解答を見つけることができます。ただし、この方法を用いる場合でも、起点となる場所が素早く見つけなければ、解答時間は過ぎてしまいます。特徴となる箇所を素早く見つけることがこの問題を解くポイントといえるでしょう。回転図形は、実際に折り紙に描いて折ってみると理屈がよくわかります。こうした学習はリラックスして取り組むことが大切です。保護者の方は焦らず、笑顔でお子さまの取り組んでいる状況を観察し、お子さまの特徴をしっかりと把握しましょう。できなかった場合、ダメということはありません。できない箇所はできるようになる種であると、前向きに捕らえるようにしてください。その取り組みのとき、できないことについて簡単なアドバイスをしてあげてください。このとき全てを教えてはいけません。最後の部分はお子さま自身が発見したようにすることがポイントであることを忘れないでください。

【おすすめ問題集】
Ｊｒ・ウォッチャー50「観覧車」、59「欠所補完」

問題5　分野：巧緻性

〈準 備〉　色鉛筆

〈問 題〉　**この問題の絵は縦に使用して下さい。**
アサガオが描いてあります。アサガオの根の●の所から、葉の★の所まで、線の間を青色の鉛筆で線を引いてください。このとき、両脇から線がはみ出したり、描いてある線に重ならないようにしてください。

線を描き終わったら、★が描いてある葉と花を色鉛筆ではみ出したり白く残したりしないように色を塗ってください。

〈時 間〉　３分

学習のポイント

巧緻性の問題ですが、時間配分を考えて取り組まなければなりません。この問題の場合、線を引くことに関しては、特別難しいという内容ではありませんから、時間をかけずに書きたいものです。こうした線を書く、塗る問題の場合、練習量も必要ですが、筆記用具の持ち方もポイントになります。正しい持ち方、手首の使い方、姿勢がきちんとよくできていないと、素早く、綺麗に仕上げることは難しいでしょう。まずは、筆記用具の持ち方、手首の使い方をしっかりと身につけることから始めるとよいでしょう。筆記用具の使い方ですが、大きな画用紙に絵を描いたり、線を引いたりする場合は手首ではなく腕を動かし、生きた線を書くことが求められます。この問題のように、小さな用紙に書く場合は、手首の動かし方が大切になります。同じ描く、書く、線を引くにしても違いがあることを把握して取り組みましょう。

【おすすめ問題集】
Ｊｒ・ウォッチャー23「切る・貼る・塗る」、24「絵画」

家庭学習のコツ①　「先輩ママのアドバイス」を読みましょう！

本書冒頭の「先輩ママのアドバイス」には、実際に試験を経験された方の貴重なお話が掲載されています。対策学習への取り組み方だけでなく、試験場の雰囲気や会場での過ごし方、お子さまの健康管理、家庭学習の方法など、さまざまなことがらについてのアドバイスもあります。先輩ママの体験談、アドバイスに学び、ステップアップを図りましょう！

問題6　分野：口頭試問

〈準備〉　クーピーペン（赤）

〈問題〉　**この問題の絵はありません。**
お話を聞いて後の質問に答えてください。
先生が質問しますので「です」「ます」を付けてお話してください。
・部屋と外のどちらで遊ぶのが好きですか。
・何で遊ぶのが好きですか。それはどうしてですか。

〈時間〉　１分

学習のポイント

当校の質問は特に難しいというものはありません。だからといって対策をとらなくてよいということとは違います。むしろ、質問が少ないという場合は、回答内容だけでなく、態度面などのウエートも高くなります。面接の特徴ですが、一問一頭形式の場合、大半の方は対策をとっているので対応ができます。しかし、自分が答えた回答に対して更に質問をされた場合、答えに窮するお子さまが増えてきます。これが繰り返される度に答えられないお子さまが増えてくる特徴があります。この理由として、対策をとる際、お子さまの意見と正解と正しく理解していないこと、日常会話においての会話不足が挙げられます。まずは、お子さまが自分意見を気軽に言える環境を整え、会話量を増やすことが大切です。また、初対面の大人との会話のマナーもしっかりと取得しましょう。こうした、回答以外の対策が重要となってきます。また、修得するには時間のかかる内容ですから、早めに始めることをおすすめ致します。

【おすすめ問題集】
新・口頭試問・個別テスト問題集、Ｊｒ・ウォッチャー29「行動観察」

問題7　分野：行動観察

〈準 備〉　お手玉、フープ（なければ直径1メートル程度の輪を描いておく）

〈問 題〉　**この問題の絵はありません。**

①お手玉をフープの中に入れる。（投げるところから1mほど離れた所に線を書いておく）

②マットの四角の中に入り、白線を超えるところまでジャンプをする。（□のところから50cmのところに線の印をつけておく）

③まず、片足で立ちます。次に今持ち上げた足をもう片方の足の上に乗せ、マットの上で木のポーズをする。

〈時 間〉　5分

学習のポイント

運動テストに関する対策は、何をしたかも気になると思いますが、その運動をするときに必要なこと、求められていることをリストアップして、その対策をとるようにすることです。この問題の場合、最後まで指示を聞く、理解する、指示通り行動する。待っている時の態度、投げる、脚を使った運動、バランス感覚、一生懸命取り組む意欲などがそれにあたり、複数の動きを組み合わせて体を動かす力を見られています。コロナ禍により、外での活動が難しくなっていますが、外で遊ぶことも運動対策となります。走り回ることで脚の力やバランス感覚の向上につながります。こうして身に付いたことが入試においても発揮されるということです。また、運動に関する対策ですが、実はペーパーテスト対策にも影響することを知っておくとよいでしょう。運動不足になりますと、お子さまの集中力が落ちます。これはストレスが溜まることが原因と言われています、思いっきり運動をすることで、ストレスの解消となり、それが集中力のアップにもつながります。

【おすすめ問題集】

Ｊｒ・ウォッチャー28「運動」、29「行動観察」

家庭学習のコツ②　「家庭学習ガイド」はママの味方！

問題演習を始める前に、試験の概要をまとめた「家庭学習ガイド（本書カラーページに掲載）」を読みましょう。「家庭学習ガイド」には、応募者数や試験課目の詳細のほか、学習を進める上で重要な情報が掲載されています。それらの情報で入試の傾向をつかみ、学習の方針を立ててから、対策学習を始めてください。

問題8　分野：お話の記憶

〈準 備〉　鉛筆

〈問 題〉　今日はお休みの日です。秋のよく晴れた、気持ちのよい日です。キツネ、サル、ヒツジ、リスの４匹は公園で遊ぶ約束をしていました。サルは公園の近くに住んでいるので、一番早く公園にやってきました。３匹を待つために木の下のベンチへ行くと、見たこともない木の実を見つけました。サルは、なんの実か名前が知りたくなって、持ってきた木の実の図鑑を見始めました。サルが色々な木の実の名前を図鑑で調べていると、次にキツネがやってきました。「おはよう。サルさん。わあー、色々な木の実があるんだね。紙とクレヨンを持ってきたから、一緒に木の実の絵を描こうよ」「それはいいね。キツネさん」２匹は、 クレヨンで 紙にどんどん色々な木の実の絵を描きました。２匹が木の実の絵を描いていると、今度はヒツジがやってきました。「おはよう。キツネさん、サルさん。よく飛ぶ紙飛行機の折り方を教わったよ。みんなの紙飛行機も作って持ってきたから、一緒に飛ばそうよ」「そうだね。そうしよう」「せえの」３匹がすっと紙飛行機を飛ばすと、紙飛行機は風に乗ってすいすいと飛んでいきました。「わーい。並んで飛んでいったね。本当によく飛ぶ紙飛行機だね。ヒツジさん、ありがとう」３匹が紙飛行機で遊んでいると、最後にリスがやってきました。「おはよう。ヒツジさん、キツネさん、サルさん。畑のリンゴが大きく育ったから、持ってきたよ。みんなで食べよう」「わーい、ありがとう。リスさん、たくさん遊んでおなかが減ったので、嬉しいよ」おいしいリンゴをもりもり食べて、４匹は元気が出ました。リスが、「今度は砂場で遊ぼうよ。」と言うと、４匹は仲良く砂場へ走っていき、みんなで楽しく遊びました。

（問題８の絵を渡す）
①上の段の動物の絵を見てください。この動物の中で、公園に１番目にやってきて、見たこともない木の実を見つけた動物に大きく○をつけてください。
②上の段の動物の絵を見てください。４番目に公園にやってきて、みんなに砂場で遊ぼうと言った動物はどれですか。その動物に大きく△をつけてください。
③下の段を見てください。ヒツジが持ってきた物はどれですか。その物に大きく○をつけてください。
④下の段を見てください。キツネが持ってきた物はどれですか。その物に大きく△をつけてください。

〈時 間〉　各15秒

〈解 答〉　①○：サル　②△：リス　③○：紙飛行機　④△：紙とクレヨン

学習のポイント

当校で出題されたお話の記憶は、小学校入試問題における標準的な長さです。話の内容も複雑ではなく、問題の内容も難しくはないので、取り組みやすい問題と言えるでしょう。このような課題では、正解率も高いので、ケアレスミスのないように解答する必要があります。また、登場人物の気持ちを推察する問題や、ストーリーとは直接関係ない分野の質問（季節や理科的常識など）を聞くといった応用力を必要とした出題はなさそうですが、油断は禁物です。「登場人物は～の～で」「～は～した」といった「事実」を整理しながら聞けば、それほど苦労しないはずです。まずは短いお話をからはじめて、記憶する訓練から始めてみましょう。

【おすすめ問題集】

1話5分の読み聞かせお話集①・②、お話の記憶 初級編・中級編・上級編、
Ｊｒ・ウォッチャー19「お話の記憶」

問題9　分野：言語（しりとり）

〈準備〉　鉛筆

〈問題〉　太い線で囲まれた四角の中を見てください。その中で、矢印の方向にしりとりをすると、全部つながるようになっています。真ん中の四角の中に入る２つの生き物はどれですか。下の２つの生き物が並んで描いてあるものを選んで、その下の四角に○を書いてください。

〈時間〉　30秒

〈解答〉　イカ→カタツムリ（サイ→イカ→カタツムリ→リス）

学習のポイント

このようなしりとりなどの言語問題は、年齢なりの語彙があるかがチェックの対象になります。ここではかなり基礎的なものについて聞いているので、問題なく正解したいところです。答えに窮するようであれば年齢なりの語彙が不足ということを認識する必要があります。普段の生活で、さまざまな内容を取り入れたコミュニケーションをとることに心がけてください。問題をやることで覚えるのもよいのですが、「スイカ」という言葉をしりとりの問題で知っていたら、どんな味がするのか、旬はいつなのか、といった付加価値もつけていくとよいでしょう。

【おすすめ問題集】

Ｊｒ・ウォッチャー17「言葉の音遊び」、18「いろいろな言葉」、
49「しりとり」、60「言葉の音（おん）」

問題10　分野：常識（季節）

〈準備〉　鉛筆

〈問題〉　太い線で囲まれた四角の中に、門松の絵があります。日本には、春、夏、秋、冬の季節があります。門松を飾る季節と、同じ季節を表している絵が隣の４つの絵の中に１つだけあります。その絵に大きく○をつけてください。

〈時間〉　30秒

〈解答〉　○：雪だるま作り

学習のポイント

小学校入試における季節を問う問題は「３～５月」を春、「６～８月」を夏、「９～11月」を秋、「12～２月」を冬として出題されます。最近は春秋でも暑かったりするので、違和感を感じるかもしれませんが、約束事として覚えておいてください。よく聞かれるのは季節の行事、草花、旬の野菜などです。なかなか難しいことですが、できれば体験しながら覚えていきましょう。お子さまの印象に残りやすくなります。出題例を見る限りそれほど難しいものは出題されないようですが、多くの問題をやることで、季節に関連したことを押さえていきましょう。

【おすすめ問題集】

Ｊｒ・ウォッチャー11「いろいろな仲間」、34「季節」

問題11　分野：数量（計数）

〈準備〉　お盆、茶碗、お椀、箸

〈問題〉　４人分の食事を用意したお盆に、お箸を置いたところです。残りの全部のお盆にもお箸を置きます。他のお盆に必要なお箸は何本ですか。右に並んでいるお箸に必要な数だけ○で囲んでください　。

〈時間〉　30秒

〈解答〉　５本

学習のポイント

数えたり分けたり、数に触れる機会は生活の中にたくさんあります。家族やお友だちとお菓子などを分けたり、お手伝いで人数分のお皿を用意するなど、まずは、日常の中から学んでいきましょう。そして、ペーパー形式の学習を始める前に、おはじきなどの具体物を用いて何度も数を変え、動かしながら、数の概念を身につけることが大切です。そうしていくうちに頭の中で数字を把握出来るようになり、ペーパーにも移行しやすくなっていきます。そのような土台が出来ていると、応用や初めて見る問題にも対応出来るようになります。全てのことに言えることですが、文の理解がなければ、問題を解くことはできません。併せて語彙数、表現力、文章の理解力をつけるように指導しておきましょう。

【おすすめ問題集】
Ｊｒ・ウォッチャー14「数える」

問題12　分野：数量（計数）

〈準備〉　積み木

〈問題〉　同じ決まりを使って、机の上に積木で山を作りました。最初に、積木を１つ置いて１段の山としました。隣に、一番下の段の積木に１つ増やして置いたところに２段の山を作りました。その隣に、同じように一番下の段の積木を１つ増やした３段の山を作りました。最後に、その隣の１段目だけ積まれているところに、山を作ろうと思います。今までと同じ決まりで作るとすると、積木が全部でいくつあれば山を作れますか。点線の下に並んだ積木を、必要な数だけ○をつけてください。

〈時間〉　60秒

〈解答〉　10個

学習のポイント

積んだ形が三角形になり、一番上の積木が１つになるのが約束事ですが、理解できていましたか。実際に積木を使い、積んでみることです。形と数の理解ができるようになります。次第に、見た瞬間、だいたいの数や形の把握ができるようになります。10までの数が素早く数えられることは望ましいですが、あせらず学習の土台を作っていきましょう。どんどん具体物を使い、数に慣れ親しみましょう。

【おすすめ問題集】
Ｊｒ・ウォッチャー14「数える」

問題13　分野：図形（回転）

〈準備〉　鉛筆

〈問題〉　白く空いているところに、ぴったりはまる形が右側の４個の形の中に１つだけあります。その形に大きく○をつけてください。

〈時間〉　30秒

〈解答〉　右から２番目

学習のポイント

選択するものは、回転・転回した絵が描かれています。観察力は、漫然と見ているだけでは発揮できません。はじめは実際に同じ形を描き、動かしてはめてみましょう。また、簡単な絵や形を実際に回転・転回させ、どこにポイントを置き、特徴をどのように捉えるのかをまず考えることです。

【おすすめ問題集】
新・口頭試問・個別テスト問題集、
Ｊｒ・ウォッチャー５「回転・転回」、20「見る記憶・聴く記憶」、48「鏡図形」

問題14　分野：行動観察（指示行動）

〈準備〉　鉛筆

〈問題〉　左側の太い線で囲まれた絵を裏返して見た絵が、右側の４つの絵の中に１つだけあります。その絵の下の四角に、○を書いてください。

〈時間〉　60秒

〈解答〉　○：右から２番目

家庭学習のコツ③　効果的な学習方法～問題集を通読する

過去問題集を始めるにあたり、いきなり問題に取り組んではいませんか？　それでは本書を有効活用しているとは言えません。まず、保護者の方が、すべてを一通り読み、当校の傾向、ポイント、問題のアドバイスを頭に入れてください。そうすることにより、保護者の方の指導力がアップします。また、日常生活のさまざまなことから、保護者の方自身が「作問」することができるようになっていきます。

学習のポイント

記憶力、集中力だけではなく、観察力も大切です。観察力を養うには、簡単な絵や形を鏡に映し、その映したものを回転・転回させて見ることです。そうすることにより集中力、観察力をつけていきましょう。また、実際の考査では、カラーだったようです。保護者が色を塗って出題し、色についても確認するとよいでしょう。

【おすすめ問題集】
新・口頭試問・個別テスト問題集、
Ｊｒ・ウォッチャー5「回転・転回」、20「見る記憶・聴く記憶」、48「鏡図形」

問題15　分野：巧緻性（運筆）

〈準 備〉　鉛筆、クーピーペン

〈問 題〉　①毛糸で靴下を編んでいます。毛糸の中の△のところから靴下の模様の中の▲まで、鉛筆で線を描きます。くねくねした毛糸からはみ出したり、毛糸の線や靴下の模様にぶつかったりしないように気をつけて線を描いてください。

②色鉛筆で靴下にある３個の模様に色を塗ります。はみ出したり、白いところが残ったりしないように色を塗ってください。

〈時 間〉　各３分

〈解 答〉　省略

学習のポイント

時間の制限はありますが、きれいな線を描くには、鉛筆の正しい持ち方が大事です。書きはじめが、上下左右、左斜、右斜から書けるように練習を重ねていきましょう。何度も回数を重ねることで上達するものです。毎日の学習前の運筆練習として取り入れるとよいでしょう。また、鉛筆だけではなく、クーピーペンやクレヨン、サインペンなど、力加減が変わりますので、挑戦してみるとよいでしょう。最初のうちは、大きくずれていても強く指摘しないようにし、しっかり褒めて、やる気を育ててあげましょう。

【おすすめ問題集】
Ｊｒ・ウォッチャー24「絵画」、48「運筆」

問題16　分野：運動テスト

〈準備〉　フープを複数

〈問題〉　**この問題の絵はありません。**
※この問題は、20人１グループで行います。
順番に『ケンケンパー』を行います。まず、お手本のビデオを観ましょう。ビデオが終わったら、お手本通りに『ケンケンパー』をしてください。待っている間は、体育座りをしていましょう。

〈時間〉　適宜

〈解答〉　省略

学習のポイント

運動の課題です。はじめに説明とお手本のビデオを観るので、集中力や記憶力があれば難しいことはないでしょう。リズムをとったりよく飛ぶことができれば問題はありません。ただ、順番が来るまで体育座りで待たなければいけないため、じっとしている忍耐力なども観察されていると思っていたほうがよいでしょう。

【おすすめ問題集】
制作問題集、Ｊｒ・ウォッチャー28「運動」

問題17　分野：制作（塗り絵）

〈準備〉　色鉛筆

〈問題〉　出題者の説明を聞いて、色鉛筆２本を使って「雷」「雲」「月」の色塗りをします。

〈時間〉　10分程度

〈解答〉　省略

学習のポイント

指示画は制作の問題としてよく出題される課題ですが、当校の今年度の課題は、３種類の塗り絵です。「雷」「雲」「月」と一見すると簡単に思えるかもしれない問題ですが、２種類の色鉛筆のみしか使うことができません。２種類の色鉛筆で３種類の絵を塗る、どう配色するか、パッと塗り始められるかは、描き慣れているかどうかに左右されます。練習は課題画だけに偏らず、お子さまの自由な発想でお絵描きをするとよいでしょう。絵を描くことは、よく観察をし、違いなどを見つける力がつきます。その力は、全ての学習において役立つ能力です。まずは、お子さまの興味があるものから、描いてみましょう。

【おすすめ問題集】
制作問題集、Ｊｒ・ウォッチャー24「絵画」

問題18　分野：面接（志願者）

〈準備〉　なし

〈問題〉　**この問題の絵はありません。**

・お名前をおしえてください。
・好きなものはなんですか。どうしてそれが好きですか。
・紙とブロック、どちらで遊ぶのが好きですか。どのようにして遊びますか。実際に遊んでみてください。
・ブロックとねんど、どちらで遊ぶのが好きですか。どのようにして遊びますか。実際に遊んでみてください。
・クレヨンとねんど、どちらで遊ぶのが好きですか。どのようにして遊びますか。実際に遊んでみてください。

〈時間〉　5分

学習のポイント

面接には、保護者同席、志願者のみ、保護者のみの3パターンがあります。当校の面接は志願者のみで行われます。机を挟んで面接官2人の対面に座り、2対1の状況で課題を出されます。ことさら「面接の練習」と気負うのではなく、ふだんの生活の中で、保護者やほかの大人とのコミュニケーションが取れているか、選んだもので制限時間内に自分で言ったものを作ることができるかを観られています。ふだんから、お子さんとよく接してお話をすることが大切です。

【おすすめ問題集】

新 小学校受験の入試面接Q＆A、面接テスト問題集、面接最強マニュアル、Ｊｒ・ウォッチャー56「マナーとルール」

対策問題

問題19　分野：お話の記憶

〈準備〉　鉛筆

〈問題〉　ウサギ、リス、サル、ヒツジの４匹はキャンプに来ています。今日はみんなでバーベキューをします。ソーセージを持ってきたのはサルです。トウモロコシを持ってきたのはウサギです。お料理をするのはリスとヒツジです。さてバーベキューを始めようとすると、「あ、薪がないよ」とサルが言いました。リスが「薪を拾いにいってくるよ」と言って山へ行きました。しばらくすると、たくさんの薪を持ってリスが帰ってきました。ウサギ、サル、ヒツジは「ありがとう、リスさん」と言い、「じゃあ、お料理は任せて」とヒツジは言いました。「先にソーセージを焼こうよ」と言ったのはウサギでした。「トウモロコシも一緒に焼くよ」と言ったのはヒツジでした。ソーセージをいちばん最初に食べたのはサルでした。２番目に食べたのはリス、最後に食べたのはヒツジでした。トウモロコシをいちばん最初に食べたのはウサギでした。２番目に食べたのはヒツジでした。みんな「おいしいね」と言って、キャンプでのバーベキューを楽しみました。

（問題19の絵を渡す）
①上の段を見てください。４つの動物の絵があります。薪を拾いにいった動物はどれですか。その動物に大きく○をつけてください。
②上の段を見てください。４つの動物の絵があります。お料理をしたのはどの動物ですか。その動物に大きく△をつけてください。
③下の段を見てください。４つの絵があります。この中で、サルが持ってきた物はどれですか。その物に大きく○をつけてください。
④下の段を見てください。４つの絵があります。ウサギが１番目に食べた物はどれですか。その物に大きく△をつけてください。

〈時間〉　各30秒

〈解答〉　①○：リス　②△：ヒツジ　③○：ソーセージ　④△：トウモロコシ

学習のポイント

お話の記憶で題材にされるお話は、本問や本年度の入試問題にもあるように、志願者の日常にありそうな題材が取り上げられることが多く、理解しやすいお話になると思われます。そのため、ポイントを押さえながら聞けばそれほど難しくはありません。ただし、登場人物の動作の１つひとつは難しくないのですが、誰が何をしたのかがわかりづらい場面もあります。読み聞かせをするときには、全体の内容を確認したあと、誰が何をしたのかを確認してあげるとよいでしょう。また、問題に取り組むときは、集中できる時間帯にやると効率よくでき、理解力もついてきます。

【おすすめ問題集】
１話５分の読み聞かせお話集①・②、お話の記憶 初級編・中級編・上級編、
Ｊｒ・ウォッチャー19「お話の記憶」

問題20　分野：お話の記憶

〈準備〉　クーピーペン（青）・鉛筆

〈問題〉　今日はお芝居を見にいきます。とても暖かな、ぽかぽかとした日です。イヌ、タヌキ、キツネ、ネコの４匹は会場で待ち合わせをしました。最初に着いたのは、ネコでした。次に来たのは、ぼうしをかぶったイヌでした。それから、タヌキとキツネは一緒にきました。会場のなかに入るとキツネは、「トイレに行くので、先に席に行っててておくれよ」と、カバンを渡しながら３匹に言いました。「ここで待っているから、行っておいで」ネコが言うので、イヌとカバンを預かったタヌキは先に行きました。イヌが、「あっ、ここだよ、ここ」と自分たちの席を見つけてタヌキと座りました。少し経つと、キツネとネコがやってきました。「ありがとう」と言ってキツネがカバンを受け取りました。「みかんを持ってきたよ。終わったら公園に行って、みんなで食べようよ」と、イヌがカバンの中のみかんを見せて言いました。「みかんは、お弁当のあとにしようよ。お母さんがおいしそうなお弁当を作ってくれたから楽しみなんだ」と言ったのはネコでした。「それもそうだね」と３匹は言って、みんなで楽しくお芝居を観ました。

（問題20の絵を渡す）
①上の段を見てください。４つの動物の絵があります。最初に着いた動物に大きく○をつけてください。
②上の段を見てください。４つの動物の絵があります。カバンを預かった動物に大きく△をつけてください。
③下の段を見てください。４つの絵があります。この中でキツネが持ってきた物に大きく○をつけてください。
④下の段を見てください。４つの絵があります。この中でイヌが持ってきた物に大きく△をつけてください。

〈時間〉　各15秒

〈解答〉　①：○ネコ　②：△タヌキ　③：○カバン　④：△ミカン

学習のポイント

お話の記憶では、登場人物は動物であるものの、話の内容は日常体験できそうなことが多いのが特徴です。ですから、登場人物を自分や周りの人に置きかえてお話を聞いてみるといいでしょう。お話全体の内容を把握するところからはじめ、少しずつ細かい内容についても触れてください。最初から長いお話は大変ですので、最初は絵本で短文からの読み聞かせをはじめ、慣れてきたら少しずつ長くしていきましょう。絵もだんだん少なくして、絵のない話の読み聞かせまでいくと、相当の集中力、暗記力がついてきます。毎日の読み聞かせは、集中力、記憶力、理解力とこのほかにもさまざまなことを身につけていきます。

【おすすめ問題集】
１話５分の読み聞かせお話集①・②、お話の記憶 初級編・中級編・上級編、
Ｊｒ・ウォッチャー19「お話の記憶」

問題21　分野：お話の記憶

〈準備〉　鉛筆

〈問題〉　来年1年生になるきょうこちゃんは、弟のたかしくん、友だちのかおるちゃん、たろうくん、こうたくんの5人で、近所の公園へ遊びに行きました。たかしくんは、たろうくんが自分と同じマークのついた帽子を被っていたので、「同じ星マークの帽子だね」と言いました。たろうくんは「マークは同じだけど帽子の色は僕が白で、たかしくんのは黒いね」と言いました。公園に着くと、たろうくんがたかしくんに「何して遊ぶ」と聞きました。たかしくんは「かくれんぼがしたい」と言ったので5人でかくれんぼをすることになりました。ジャンケンをして、最初のオニはたろうくんになりました。きょうこちゃんとたかしくんは、ブランコの柱の後ろにかくれました。かおるちゃんはシーソーの後ろに、こうたくんは、公園の入口の近くにある木の後ろに隠れました。たろうくんが、100まで数えた後、最初にきょうこちゃんとたかしくんを、次にかおるちゃんを見つけました。こうたくんはなかなか見つりませんでしたが、たかしくんが「こうたくんが木の陰にいるよ」と、きょうこちゃんに言ったのをたろうくんが聞いたので、やっと見つけられました。きょうこちゃんはたかしくんに、「かくれんぼをしている時は誰がどこに隠れているとか言ってはだめよ」と言い、こうたくんに「ごめんね」と言いました。かくれんぼをした後は、おにごっこ、なわとびをして遊びました。長い時間遊んでいたので、夕方になりました。「おなかが減ったから、おうちへ帰ろうよ」と、たかしくんが言ったので、みんなでそれぞれのおうちへ帰りました。

(問題21の絵を渡す)

①上の段を見てください。きょうこちゃんとたかしくんが隠れていたものに○をつけてください。

②下の段を見てください。かくれんぼのオニになったのは誰ですか。○をつけてください。

〈時間〉　各30秒

〈解答〉　①○：左から2番目（ブランコ）　②○：真ん中（たろうくん）

学習のポイント

「お友だちと公園へ行く」というのは、お子さまにとって、たいへん身近なことです。そのため、自分自身のことに置きかえてお話を聞くと、全体的な内容が掴みやすくなるでしょう。ただし、この問題の①のように「たかしくんと同じ帽子を被っているたろうくんを選ぶ」といった、やや複雑な設問が出たときに答えられるよう、読み聞かせをしながら細部にも目を向けてみてください。このような応用力を試す問題も正解して、合格ラインに届く結果にしたいものです。お話の内容を整理しながら聞くのは当然として、どんな問題にでも対応できる柔軟な思考力を育てていきましょう。

【おすすめ問題集】

1話5分の読み聞かせお話集①・②、お話の記憶 初級編・中級編・上級編、
Ｊｒ・ウォッチャー19「お話の記憶」

問題22　分野：言葉（しりとり））

〈準備〉　鉛筆

〈問題〉　太い線で囲まれた四角の中を見てください。その中で、矢印の方向にしりとりをすると、全部つながるようになっています。真ん中の四角の中に入る２つの生き物はどれですか。その２つの生き物が並んで描かれているものを選んで、その下に○を描いてください　。

〈時間〉　30秒

〈解答〉　カキ→キウイ（スイカ→カキ→キウイ→イチゴ）

学習のポイント

しりとりは年齢相応の語彙力をはかることが目的として出題されます。そのため、絵に描いてあるものの名前を知っていなければ答えることはできません。推測して答えるのはかなり難しい問題です。語彙数を豊かにしておくことが唯一の対策となるわけです。本問も、年齢相応の語彙があれば名前がわかるものばかりでしょう。間違えるとすれば、語彙が足りないということになるので、やはりふだんの生活や遊びを通して着実に語彙を増やしていきましょう。なお、しりとりに限らず、同頭音探し（名前の最初が同じ音で始まる言葉）や同尾音探し（語尾が同じ音で終わる言葉）といった言葉遊びは遊び感覚で行えるすぐれた学習方法です。こうした言葉遊びを通して、言葉が音（おん）の集まりであることを知り、言語分野の問題にもスムーズに答えられるようにしてください。

【おすすめ問題集】
Ｊｒ・ウォッチャー17「言葉の音遊び」、49「しりとり」、
60「言葉の音（おん）」

問題23　分野：言葉（しりとり）

〈準備〉　鉛筆

〈問題〉　絵を見てください。左上のキクからはじめて、しりとりをしながら右下のライオンまで進みます。しりとりがつながっていくように、絵を見つけて○を書いてください。

〈時間〉　１分

〈解答〉　下図参照

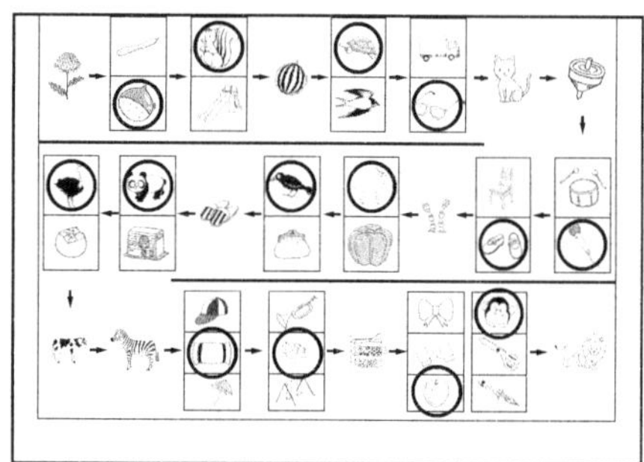

学習のポイント

本問では、多くのものや動植物が提示されていますが、どれも年齢相応に知っているべきものばかりです。もし答えられなければ、語彙数が足りないということになるでしょう。長くしりとりを続ける問題ですので、推測で答えるのはかなり難しいです。語彙は、一朝一夕で身につくものではなく、保護者の方や周りのお友だちとのコミュニケーションを通して身につくものです。つまり、日々の生活体験がお子さまの語彙力に直結していると考えてください。保護者の方は、ただ単語だけを教えるのではなく、どんな時にどう使うのかもいっしょに確認してあげてください。広く言語分野の問題にもスムーズに答えられるようになるでしょう。

【おすすめ問題集】

Ｊｒ・ウォッチャー17「言葉の音遊び」、49「しりとり」、
60「言葉の音（おん）」

問題24　分野：言葉（しりとり）

〈準備〉　鉛筆

〈問題〉　絵にあるものを、できるだけたくさん使ってしりとりでつなぎます。１つだけ使わないものがありますので、探して○をつけてください。

〈時間〉　２分

〈解答〉　ラクダ
（クマ→マンボウ→ウシ→シカ→カラス→スズメ→メダカ→カンガルー）

学習のポイント

単純なしりとりの問題のように思えますが、しりとりをどこから始めればよいかが指定されておらず、また使わないものの数が１つに限定されている（１つを残してほかをすべてつながなければならない）ため、難しい問題となっています。１つひとつを前にくるもの、後ろに並ぶものと線でつなぎながら、使わないものを探していくとよいでしょう。ただし、線はあくまで答えを探すための確認用のものですので、濃く書いてはいけません（解答と誤解されます）。なお、本問のような言葉遊びの問題に正しく答えるためには、年齢相応の語彙をそなえていることが必要です。また、言葉の意味やそれが指すものだけでなく、音についても正しく知っていなければなりません。日頃から、保護者の方が意識して正しい言葉を使うとともに、積極的に言葉遊びを楽しみながらやり、理解を深めていくようにするとよいでしょう。

【おすすめ問題集】

Ｊｒ・ウォッチャー17「言葉の音遊び」、49「しりとり」

問題25　分野：常識（季節）

〈準備〉　鉛筆

〈問題〉　太い線で囲まれた四角の中に、七夕飾りと女の子の絵があります。日本には、春、夏、秋、冬の季節があります。七夕飾りを飾る季節と、同じ季節を表している絵が隣の４つの絵の中に１つだけあります。その絵に大きく○をつけてください。

〈時間〉　30秒

〈解答〉　○：スイカと風鈴

学習のポイント

季節の問題です。小学校入試では、本問のように行事から類推させたり、植物や天気などの自然から問うなど、さまざまなパターンで季節に関する問題が出題されます。昨今の温暖化が影響し、春や秋でも暑い日が続くなど、小学校入試で出題される季節の区切りに違和感を覚えることもあると思いますが、約束事として覚えておくようにしましょう。自分の地域や昨今の変化ではなく、入試で聞かれるのは、一般的なことばかりです。実体験から覚えていくのがいちばんだとは思いますが、なかなか難しい場合は、図鑑や本を有効に活用するとよいでしょう。

【おすすめ問題集】

Ｊｒ・ウォッチャー11「いろいろな仲間」、34「季節」

問題26　分野：常識（季節）

〈準備〉　鉛筆

〈問題〉　太い線で囲まれた四角の中に、スキーをしている絵があります。日本には、春、夏、秋、冬の季節があります。スキーをする季節と、同じ季節を表している絵が隣の４つの絵の中に１つだけあります。その絵に大きく○をつけてください。

〈時間〉　30秒

〈解答〉　○：はごいた

学習のポイント

季節の行事や遊びは数多くあります。そのため、季節ごとの行事や遊びをすべて体験するのは不可能ですので、本や図鑑を有効に活用してください。地域差はありますが、入学式や卒業式、正月など、日本全国同時期に行われる行事はもちろんですが、知識として、他の地域の行事にも目を向けられるとよいでしょう。日本の国土は南北に長いので、北と南ではさまざまなものが異なってきます。花や野菜の旬にも地域差がみられますが、収穫時期を季節のものとして捉えるなどして、お約束を覚えるようにしてください。

【おすすめ問題集】
Ｊｒ・ウォッチャー11「いろいろな仲間」、34「季節」

問題27　分野：数量（計数）

〈準備〉　鉛筆

〈問題〉　絵を見てください。この中で１番多いものに○を、２番目に多いものに△を、２番目に少ないものに□を、１番少ないものに×をつけてください。

〈時間〉　２分

〈解答〉　○：左下　△：左上　□：右上　×：右下

学習のポイント

２つの集合なら、ひと目でどちらが多い・少ないかがわかる程度の感覚は持っておきたいところです。この問題なら、隣のものと比べて多い・少ないがひと目でわかるということになります。小学校受験の場合は、そういった感覚を持つと言っても、10以下の数に限ってのことですから、具体物（おはじきなど）を並べたり、生活で目にするものの数を比較したりする間に自然に身に付くでしょう。この問題がスムーズに答えられないのは、その感覚が充分に身に付いていないということです。その対策として類題を解くのもよいですが、基本的な数える能力が未熟なのに計算などをさせると、こうした問題が苦手になるかもしれません。遊びの中から、数えること、どちらが多い・少ないという感覚を育てるという考えで、お子さまを指導してください。

【おすすめ問題集】
Ｊｒ・ウォッチャー14「数える」

問題28　分野：数量（計数）

〈準備〉　おはじき

〈問題〉　絵を見てください。
①左側のリンゴはいくつあるでしょう。数えて同じ数だけ下の四角の中におはじきを並べてください。並べたらいくつあるか答えてください。

②右側の靴は何足あるでしょう。数えて同じ数だけ下の四角の中におはじきを並べてください。並べたらいくつあるか、答えてください。

〈時間〉　各30秒

〈解答〉　①８個　②７足

学習のポイント

リンゴは１つまたは１個と数えますが、履物は左と右の両方そろって１足２足と数えます。手袋や靴下も同様に、左と右のものを併せて用をなすものなので、１つ、１足となります。単純に数えるだけ、しかもおはじきを使うので、間違える要素が見当たらない問題です。一度答えて問題がなければ復習は必要ないでしょう。口頭試問形式でこういった問題がよく出題されますが、当校の入試も基礎問題中心なので出題される可能性は高いかもしれません。簡単ですが、指示を理解してそれに沿った答え方をすることは意識しておきましょう。「いくつありますか」と聞かれたら「～個です」、「なぜですか」と聞かれたら「～だからです」と答えるということです。

【おすすめ問題集】
新口頭試問・個別テスト問題集、Ｊｒ・ウォッチャー14「数える」

問題29　分野：図形（回転・転回）

〈準備〉　鉛筆

〈問題〉　（別紙に絵や形を描いたものを鏡に映して、元の絵と見比べる練習をしてから問題に取り組む）太い線で囲まれた四角の中に、絵が描いてあります。この絵を裏返して見た絵が、隣の４つの絵の中に１つだけあります。その絵の下の四角の中に、○を書いてください。

〈時間〉　60秒

〈解答〉　○：左から２番目

学習のポイント

クリアファイルにLの字を書き鏡に映したり、裏側から見るとどのように見えるか実際に見せてみましょう。また、角度を変えてみることもやってください。簡単な形から、難易度を上げていくことを繰り返しやることで、違いに気づくようになるでしょう。また、実際の考査では、カラーだったようです。お子さまとともに色を塗って出題し、色についても学ぶ時間と楽しく問題に取り組むことができるでしょう。

【おすすめ問題集】

新・口頭試問・個別テスト問題集、Ｊｒ・ウォッチャー20「見る記憶・聴く記憶」、5「回転・転回」、48「鏡図形」

問題30　分野：図形（鏡図形）

〈準備〉　鉛筆

〈問題〉　（別紙を使い、紙を鏡に向けて映した絵と見比べる練習をしてから問題に取り組む）太い線で囲まれた四角の中に、絵が描いてあります。この絵を鏡に映して見た絵が、隣の４つの絵の中に１つだけあります。その絵の下の四角の中に、○を書いてください。

〈時間〉　60秒

〈解答〉　○：左から４番目

学習のポイント

実際に鏡の前に立ち、片手を上に上げた姿をよく見せます。鏡に映った自分を見て、「？」と思って感じたことを言わせてみると、鏡に映ったときどうなるかを理解していきます。また図形を映し、その形を回転させ同じように言ったあとに、鏡に映った形を紙に描かせるとなおよく理解できるでしょう。

【おすすめ問題集】

新・口頭試問・個別テスト問題集、Ｊｒ・ウォッチャー20「見る記憶・聴く記憶」、5「回転・転回」、48「鏡図形」

問題 1

問題2

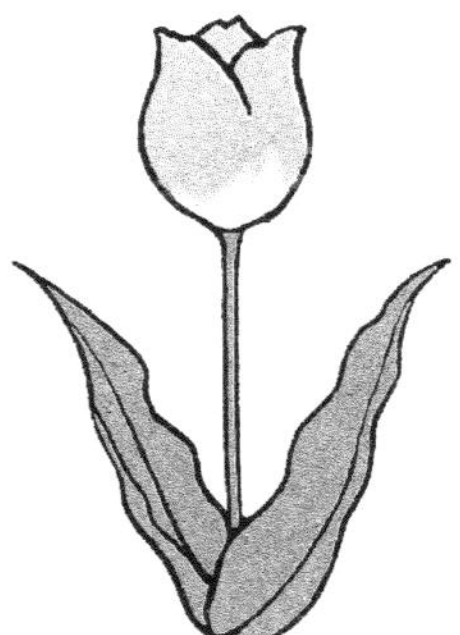

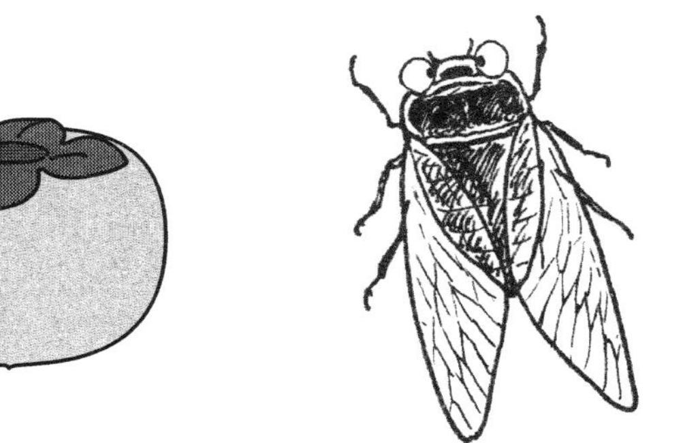

問題3

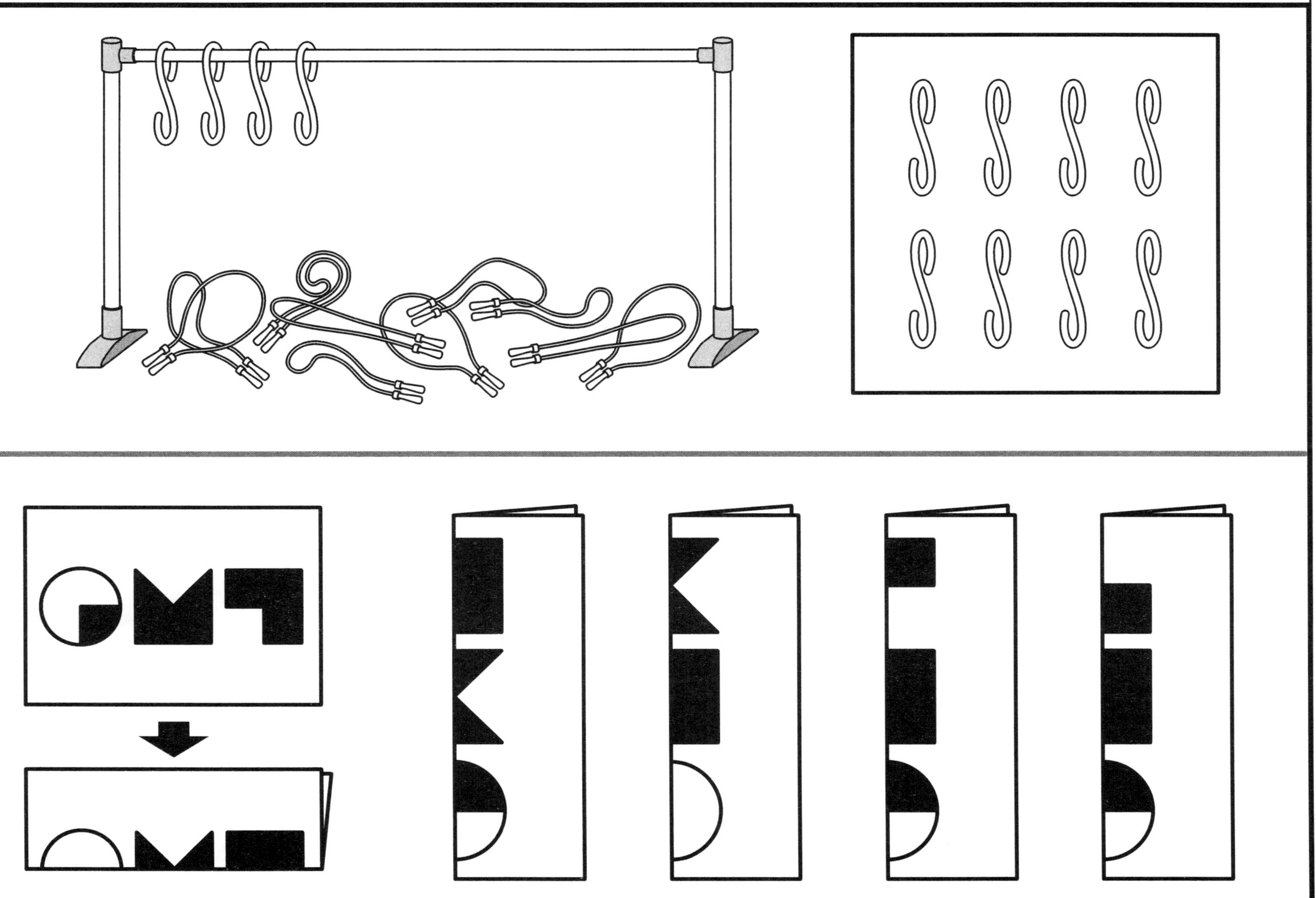

問題4－1

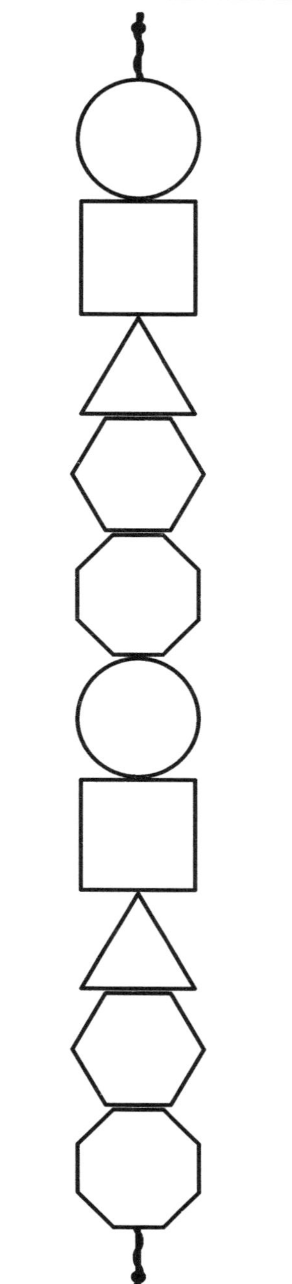

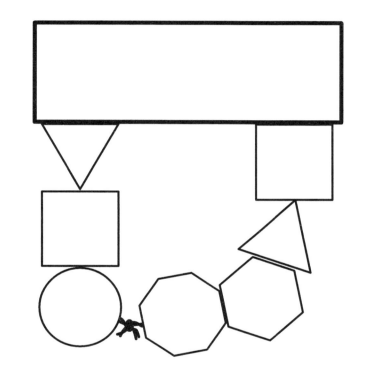

問題４－２

?

問題5

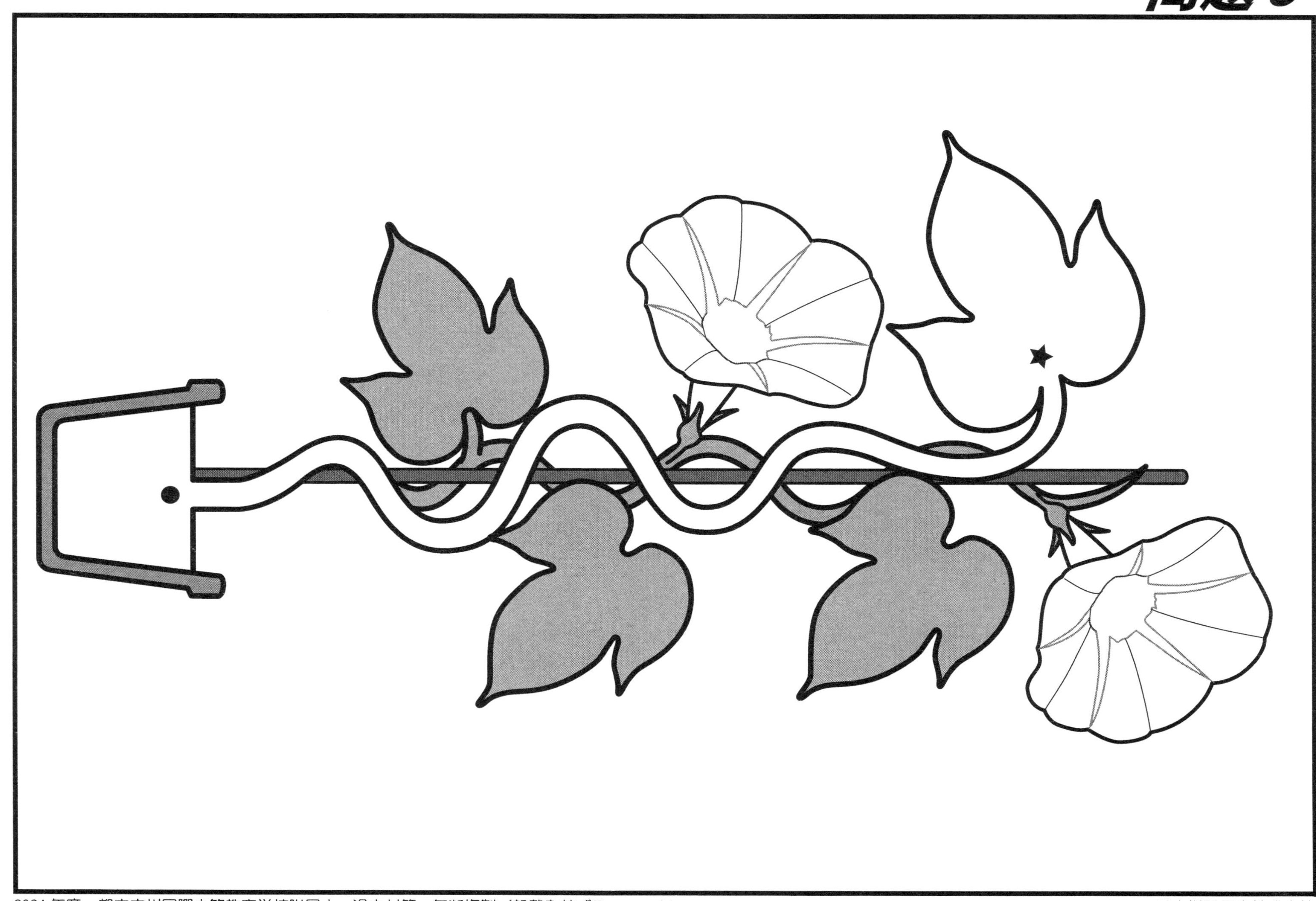

ずかん

問題9

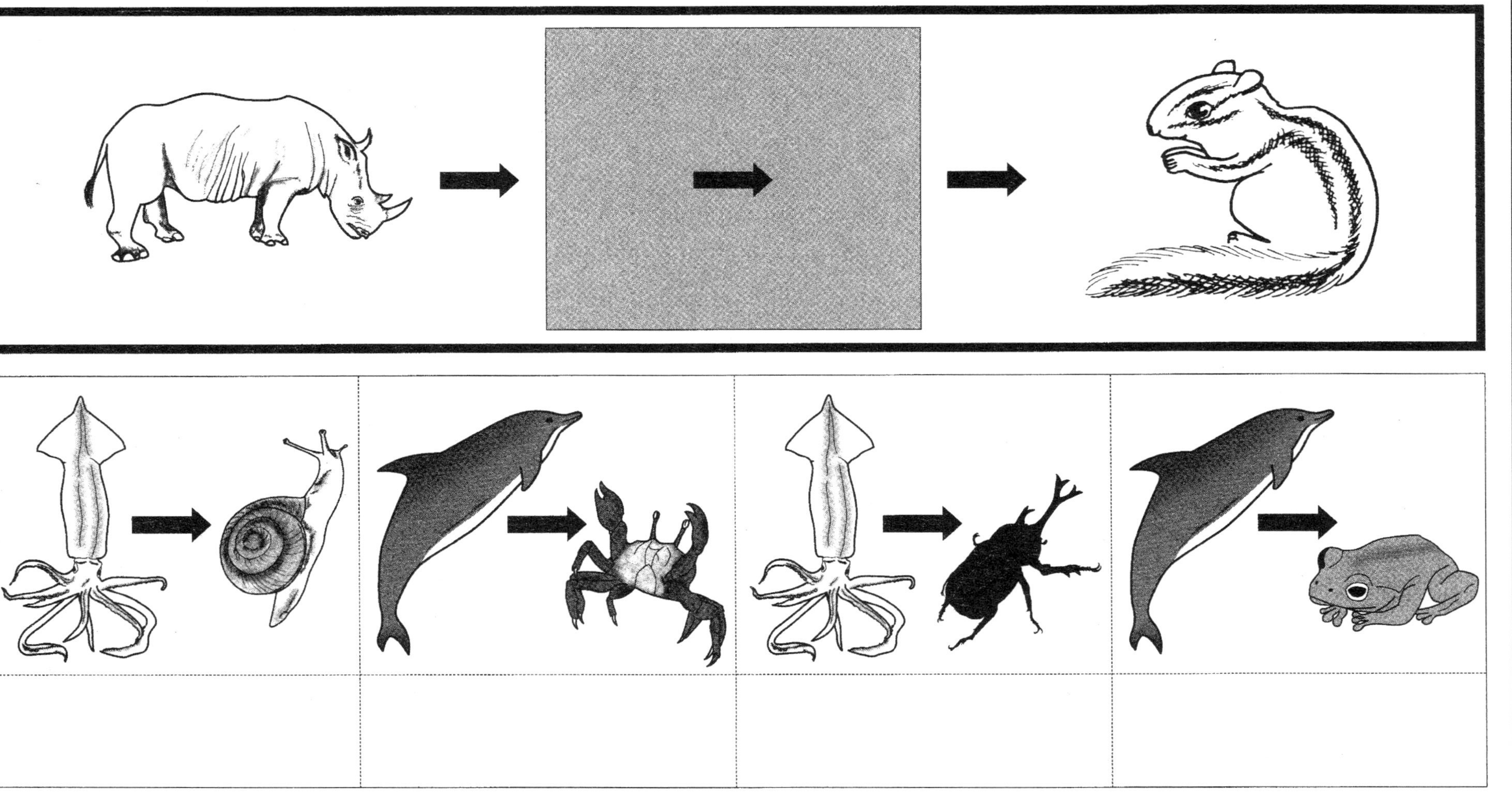

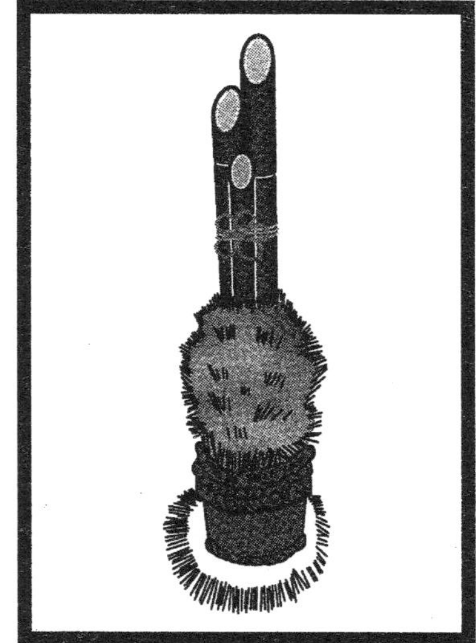

問題11

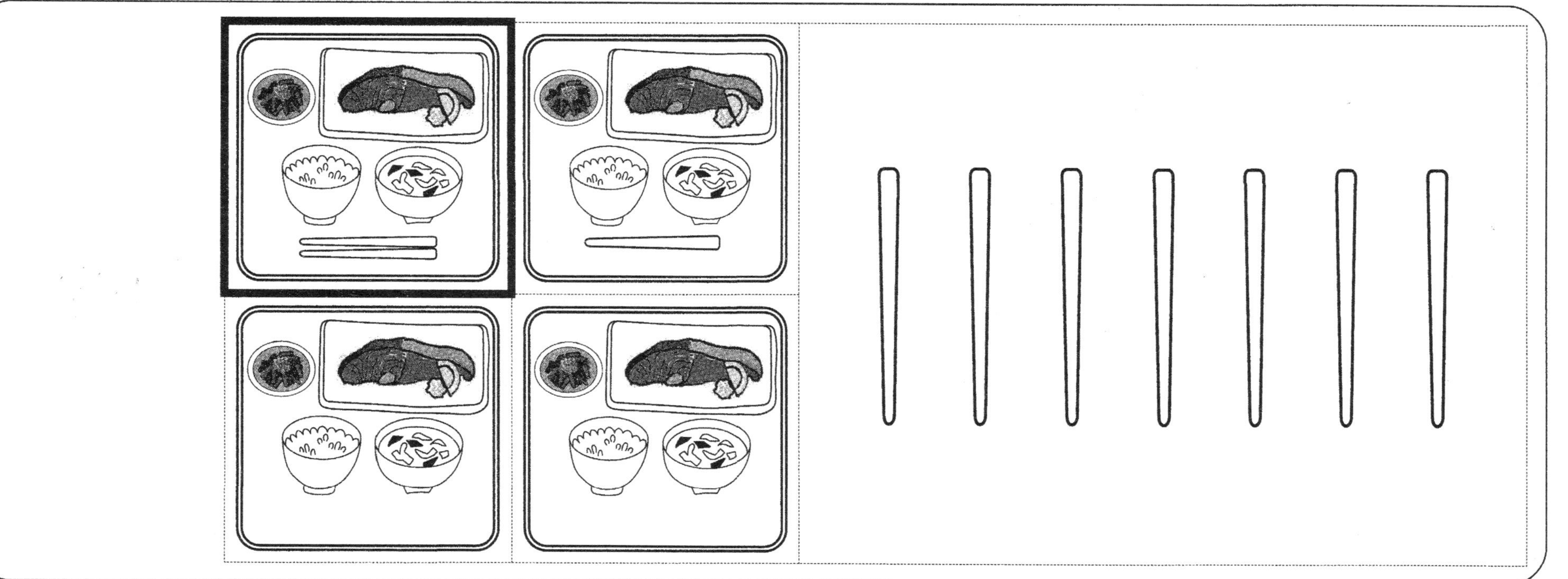

問題１２

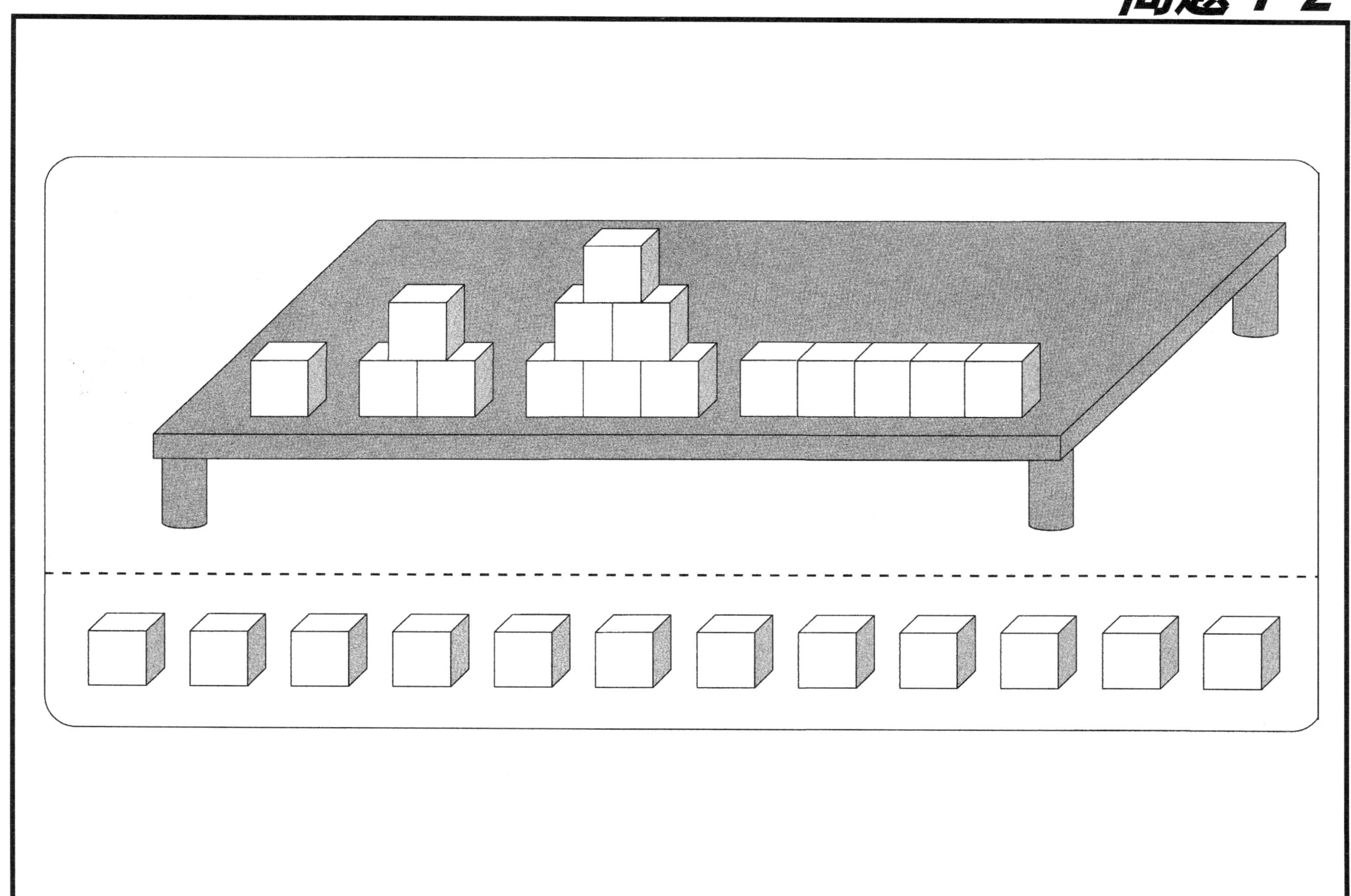

問題１３

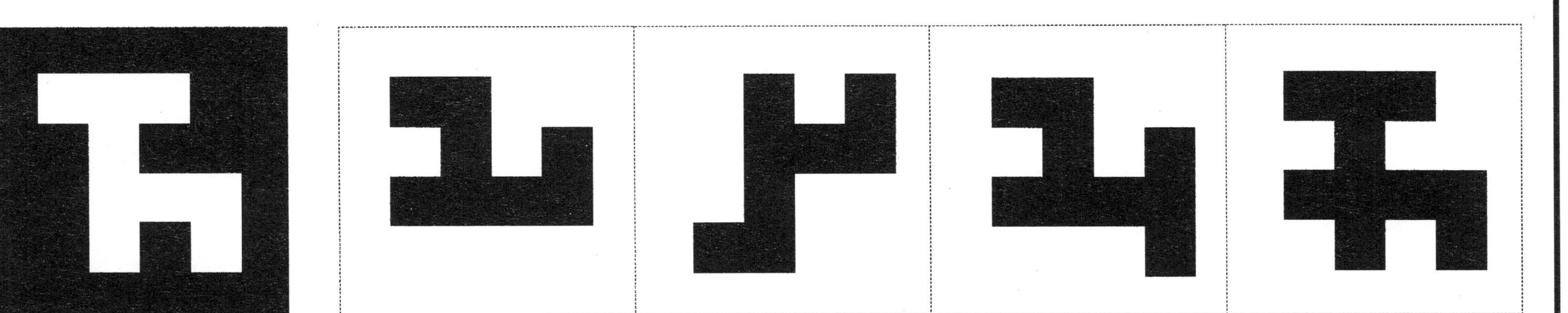

問題１４

問題１５

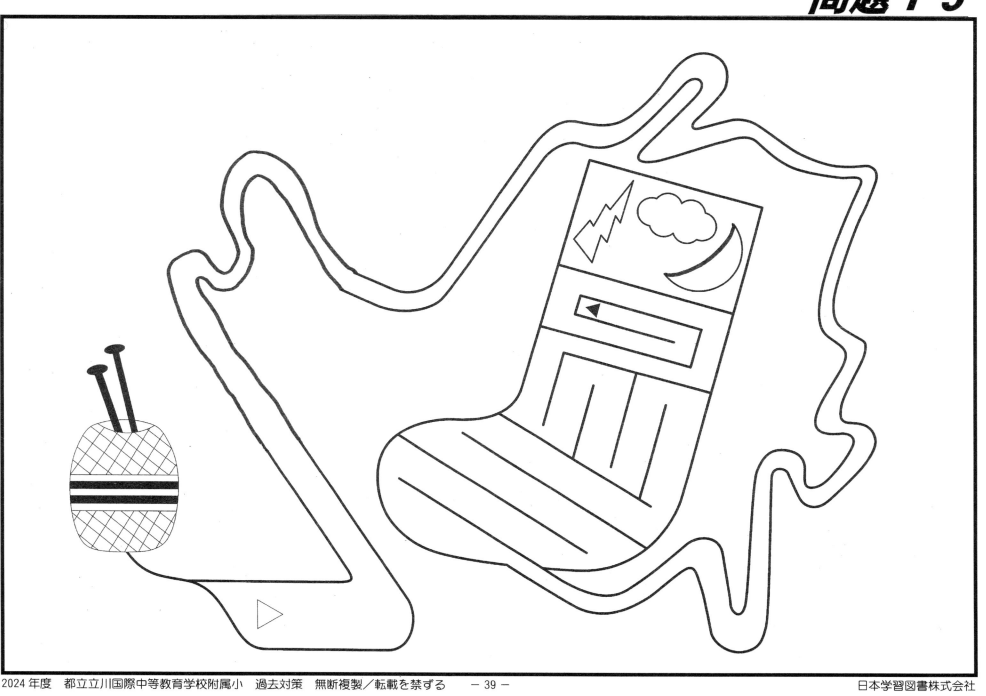

問題１７

問題１９

問題２０

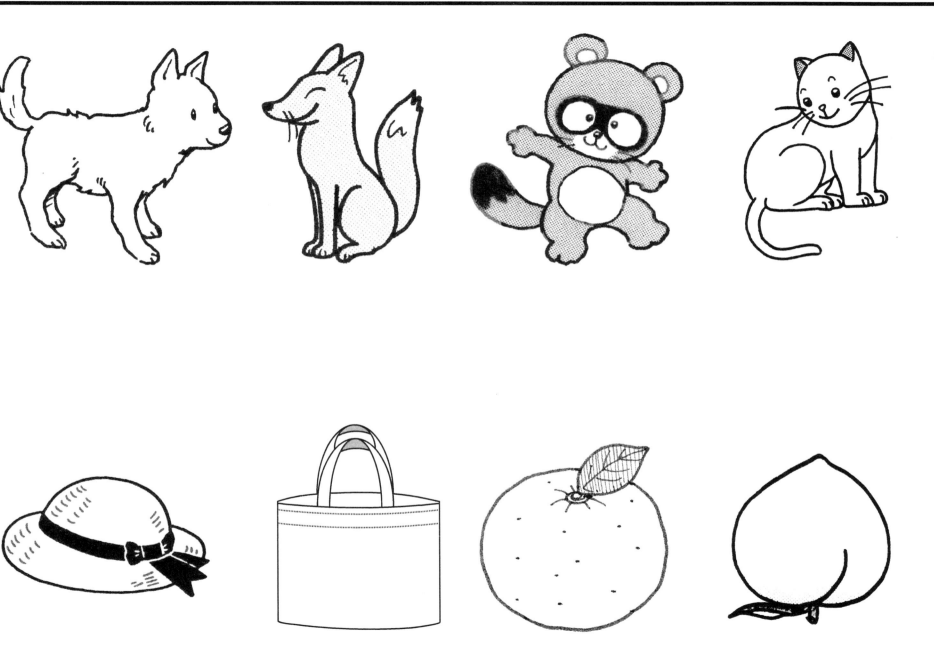

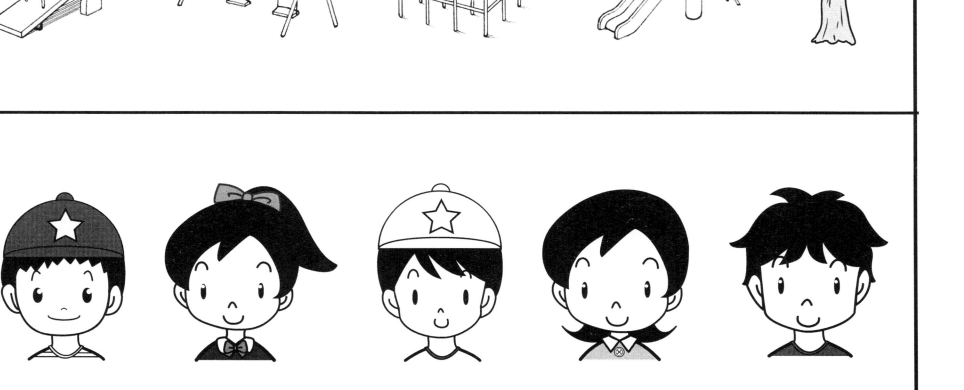

①

②

問題２２

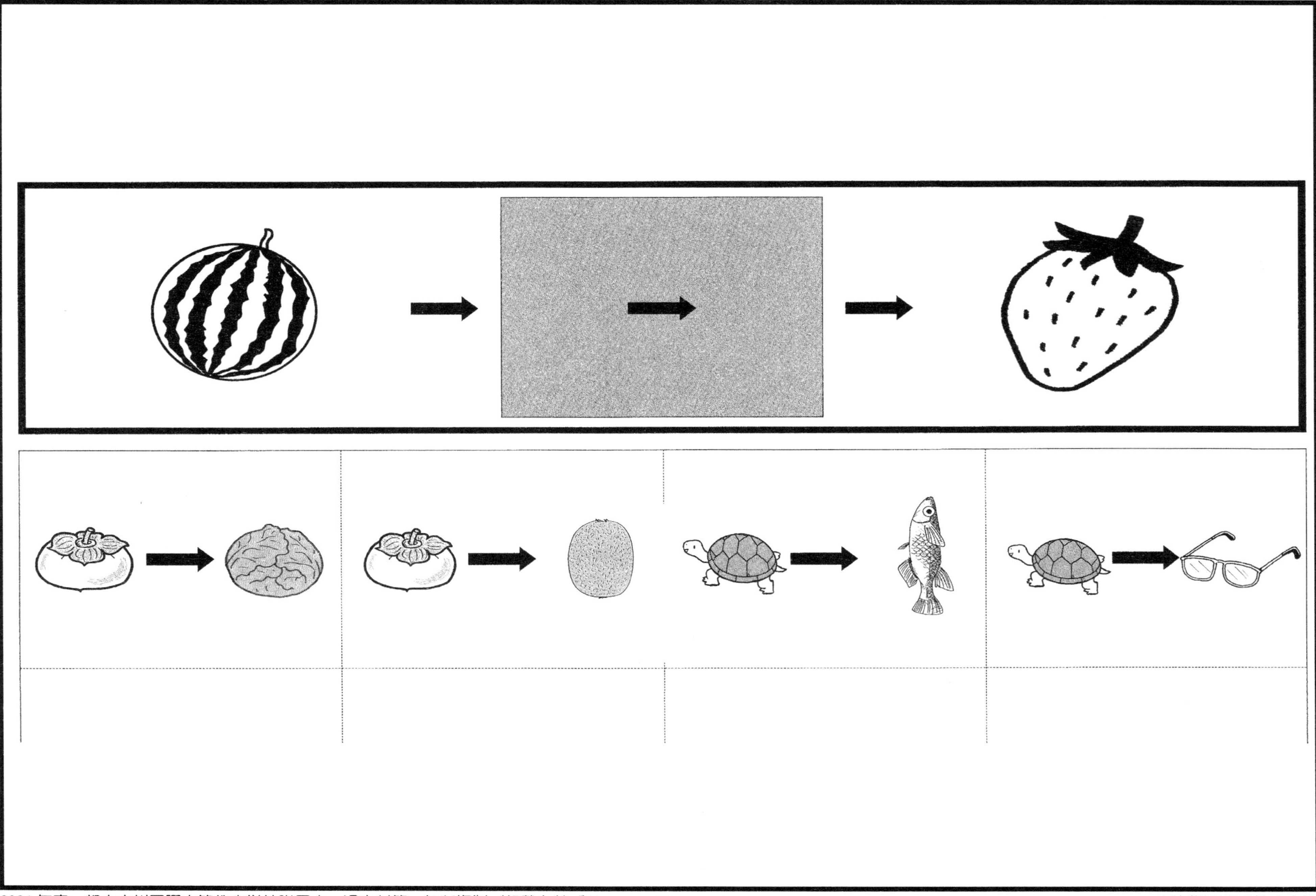

問題２３

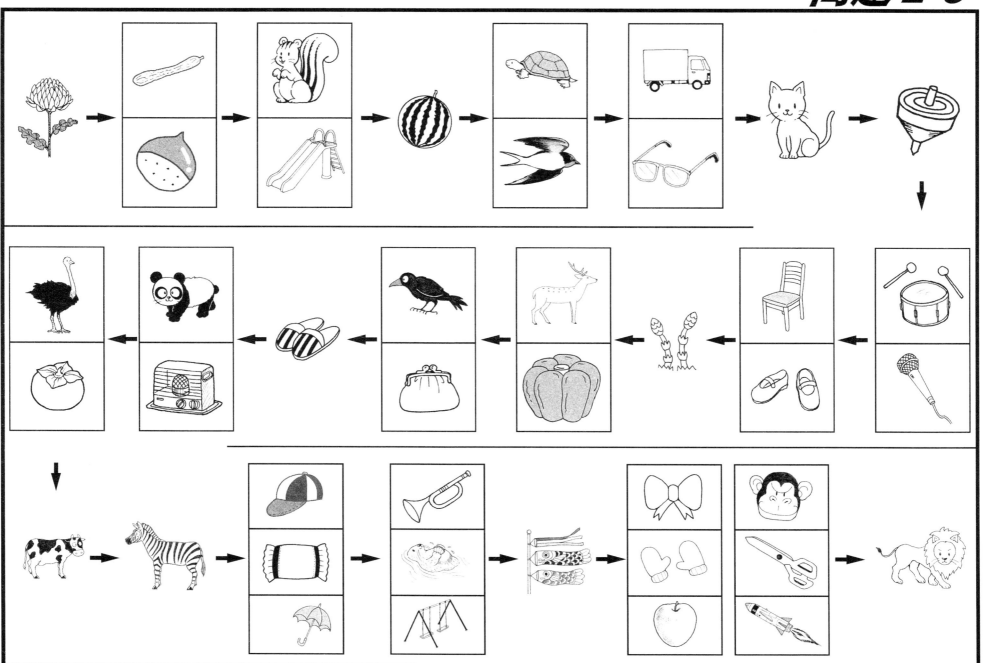

問題２４

問題25

問題２６

問題２７

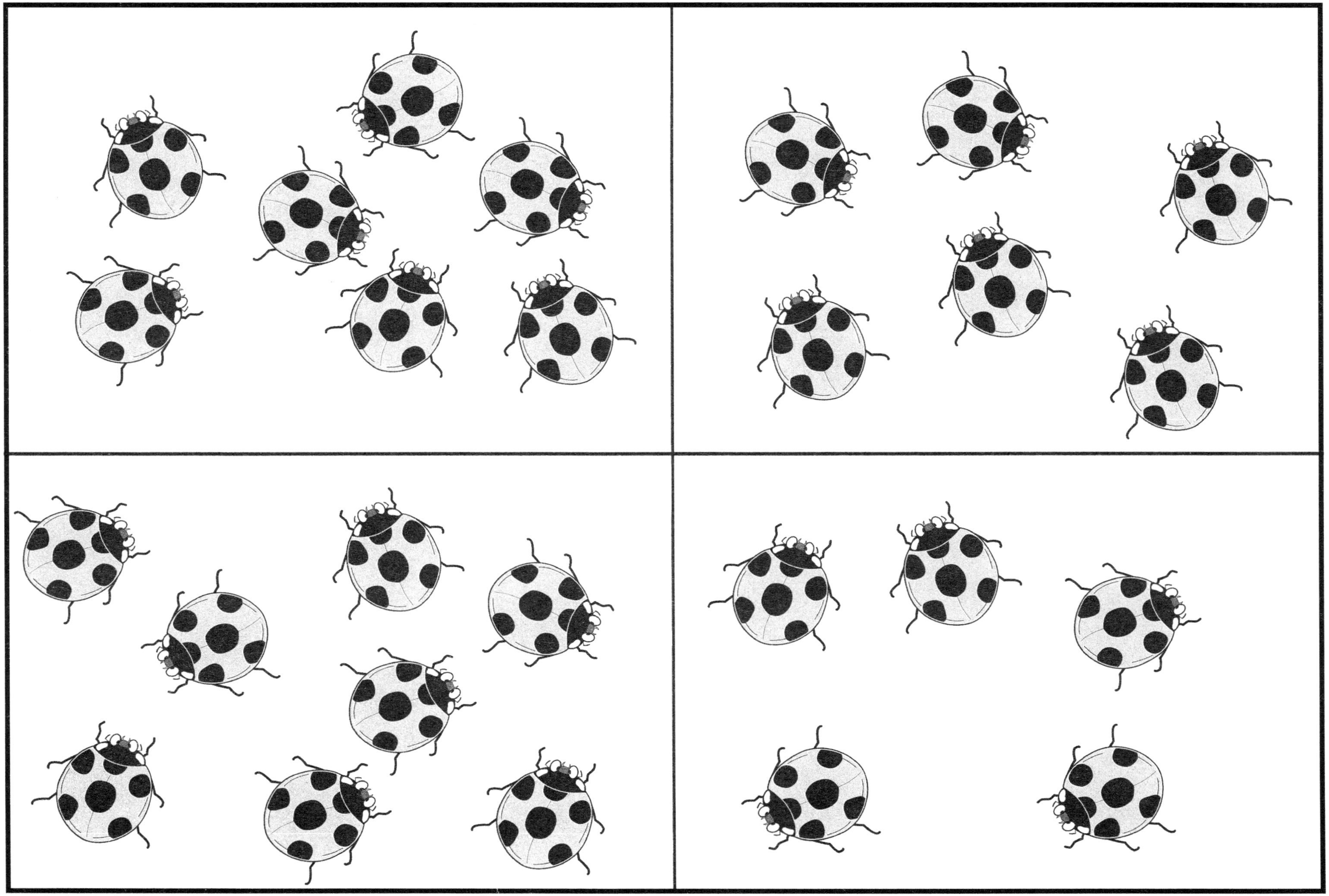

問題２８

①

②

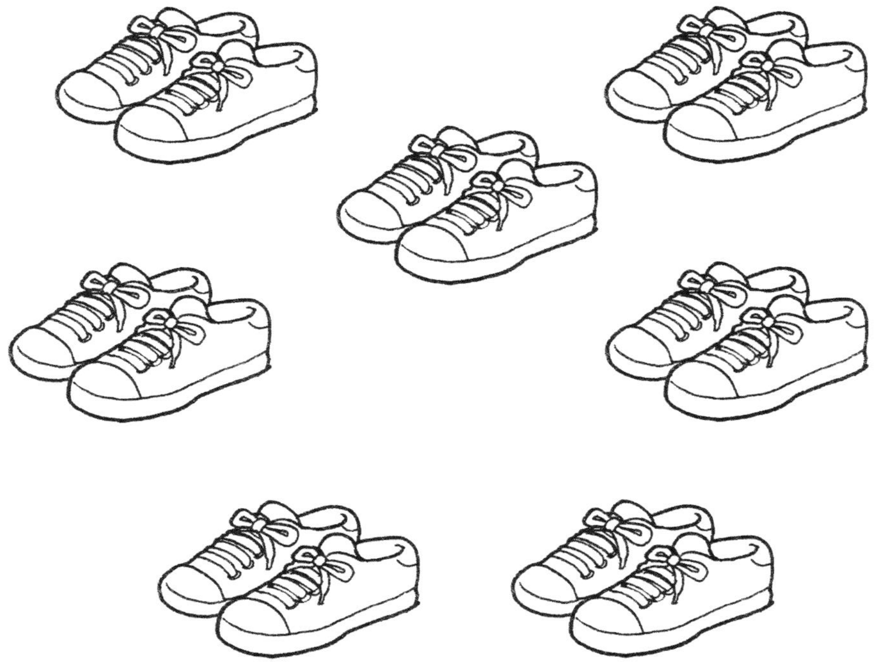

　　　日本学習図書株式会社

問題２９

問題３０

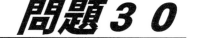

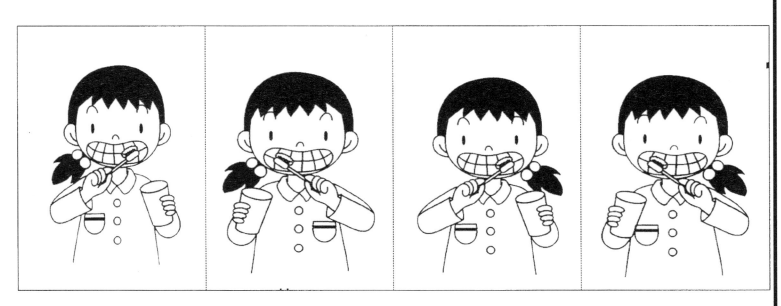

図書カード 1000 円分プレゼント

ご記入日 令和　年　月　日

☆国・私立小学校受験アンケート☆

※可能な範囲でご記入下さい。選択肢は〇で囲んで下さい。

〈小学校名〉＿＿＿＿＿＿　〈お子さまの性別〉男・女　〈誕生月〉＿月

〈その他の受験校〉（複数回答可）＿＿＿＿＿＿

〈受験日〉①：＿月＿日〈時間〉＿時＿分～＿時＿分

②：＿月＿日〈時間〉＿時＿分～＿時＿分

〈受験者数〉男女計＿名（男子＿名　女子＿名）

〈お子さまの服装〉＿＿＿＿＿＿

〈入試全体の流れ〉（記入例）準備体操→行動観察→ペーパーテスト

＿＿＿＿＿＿

Ｅメールによる情報提供

日本学習図書では、Ｅメールでも入試情報を募集しております。

下記のアドレスに、アンケートの内容をご入力の上、メールをお送り下さい。

ojuken@nichigaku.jp

●行動観察　（例）好きなおもちゃで遊ぶ・グループで協力するゲームなど

〈実施日〉＿月＿日〈時間〉＿時＿分～＿時＿分〈着替え〉□有 □無

〈出題方法〉□肉声 □録音 □その他（　　）〈お手本〉□有 □無

〈試験形態〉□個別 □集団（　人程度）

〈会場図〉

〈内容〉

□自由遊び

＿＿＿＿＿＿

□グループ活動

＿＿＿＿＿＿

□その他

＿＿＿＿＿＿

●運動テスト（有・無）　（例）跳び箱・チームでの競争など

〈実施日〉＿月＿日〈時間〉＿時＿分～＿時＿分〈着替え〉□有 □無

〈出題方法〉□肉声 □録音 □その他（　　）〈お手本〉□有 □無

〈試験形態〉□個別 □集団（　人程度）

〈会場図〉

〈内容〉

□サーキット運動

□走り □跳び箱 □平均台 □ゴム跳び

□マット運動 □ボール運動 □なわ跳び

□クマ歩き

□グループ活動＿＿＿＿＿＿

□その他＿＿＿＿＿＿

●知能テスト・口頭試問

〈実施日〉＿＿月＿＿日〈時間〉＿＿時＿＿分　～　＿＿時＿＿分〈お手本〉□有 □無

〈出題方法〉□肉声 □録音 □その他（　　　　　　　）〈問題数〉＿＿枚＿＿問

分野	方法	内容	詳細・イラスト
(例) お話の記憶	☑筆記 □口頭	動物たちが待ち合わせをする話	(あらすじ) 動物たちが待ち合わせをした。最初にウサギさんが来た。次にイヌくんが、その次にネコさんが来た。最後にタヌキくんが来た。 (問題・イラスト) ３番目に来た動物は誰か
お話の記憶	□筆記 □口頭		(あらすじ) (問題・イラスト)
図形	□筆記 □口頭		
言語	□筆記 □口頭		
常識	□筆記 □口頭		
数量	□筆記 □口頭		
推理	□筆記 □口頭		
その他	□筆記 □口頭		

●制作　（例）ぬり絵・お絵かき・工作遊びなど

〈実施日〉＿月＿日〈時間〉＿時＿分～＿時＿分

〈出題方法〉□肉声 □録音 □その他（　　　）〈お手本〉□有 □無

〈試験形態〉□個別 □集団（　　人程度）

材料・道具	制作内容
□ハサミ □のり（□つぼ □液体 □スティック） □セロハンテープ □鉛筆 □クレヨン（　色） □クーピーペン（　色） □サインペン（　色）□ □画用紙（□ A4 □ B4 □ A3 □その他：　　） □折り紙 □新聞紙 □粘土 □その他（　　）	□切る □貼る □塗る □ちぎる □結ぶ □描く □その他（　　） タイトル：＿＿＿＿

●面接

〈実施日〉＿月＿日〈時間〉＿時＿分～＿時＿分〈面接担当者〉＿名

〈試験形態〉□志願者のみ（　）名 □保護者のみ □親子同時 □親子別々

〈質問内容〉

□志望動機　□お子さまの様子

□家庭の教育方針

□志望校についての知識・理解

□その他（　　　）

（詳　細）

・

・

・

・

※試験会場の様子をご記入下さい。

例

校長先生　教頭先生

父　子　母

出入口

●保護者作文・アンケートの提出（有・無）

〈提出日〉□面接直前 □出願時 □志願者考査中 □その他（　　　）

〈下書き〉□有 □無

〈アンケート内容〉

（記入例）当校を志望した理由はなんですか（150字）

●説明会（□有　□無）〈開催日〉　月　日〈時間〉　時　分　～　時　分

〈上履き〉□要　□不要〈願書配布〉□有　□無〈校舎見学〉□有　□無

〈ご感想〉

●参加された学校行事（複数回答可）

公開授業〈開催日〉　月　日〈時間〉　時　分　～　時　分

運動会など〈開催日〉　月　日〈時間〉　時　分　～　時　分

学習発表会・音楽会など〈開催日〉　月　日〈時間〉　時　分　～　時　分

〈ご感想〉

※是非参加したほうがよいと感じた行事について

●受験を終えてのご感想、今後受験される方へのアドバイス

※対策学習（重点的に学習しておいた方がよい分野）、当日準備しておいたほうがよい物など

＊＊＊＊＊＊＊＊＊＊＊＊＊　ご記入ありがとうございました　＊＊＊＊＊＊＊＊＊＊＊＊＊

必要事項をご記入の上、ポストにご投函ください。

なお、本アンケートの送付期限は入試終了後３ヶ月とさせていただきます。また、入試に関する情報の記入量が当社の基準に満たない場合、謝礼の送付ができないことがございます。あらかじめご了承ください。

ご住所：〒

お名前：　　　　メール：

ＴＥＬ：　　　　ＦＡＸ：

アンケートのご記入
ありがとうございました

ご記入頂いた個人に関する情報は、当社にて厳重に管理致します。弊社の個人情報取り扱いに関する詳細は、www.nichigaku.jp/policy.php の「個人情報の取り扱い」をご覧下さい。

分野別 小学入試練習帳 ジュニアウォッチャー

1．点・線図形	小学校入試で出題頻度の高い『点・線図形』の模写を、難易度の低いものから段階別に幅広く練習することができるように構成。
2．座標	図形の位置模写という作業を、難易度の低いものから段階別に練習できるように構成。
3．パズル	様々なパズルの問題を難易度の低いものから段階別に練習できるように構成。
4．同図形探し	小学校入試で出題頻度の高い、同図形選びの問題を繰り返し練習できるように構成。
5．回転・展開	図形などを回転、または展開したとき、形がどのように変化するかを学習し、理解を深められるように構成。
6．系列	数、図形などの様々な系列問題を、難易度の低いものから段階別に練習できるように構成。
7．迷路	迷路の問題を繰り返し練習できるように構成。
8．対称	対称に関する問題を４つのテーマに分類し、各テーマごとに問題を段階別に練習できるように構成。
9．合成	図形の合成に関する問題を、難易度の低いものから段階別に練習できるように構成。
10．四方からの観察	もの（立体）を様々な角度から見て、どのように見えるかを推理する問題を段階別に整理し、１つの形式で複数の問題を練習できるように構成。
11．いろいろな仲間	ものや動物、植物の共通点を見つけ、分類していく問題を中心に構成。
12．日常生活	日常生活における様々な問題を６つのテーマに分類し、各テーマごとに一つの問題形式で複数の問題を練習できるように構成。
13．時間の流れ	『時間』に着目し、様々なものごとは、時間が経過するとどのように変化するのかということを学習し、理解できるように構成。
14．数える	様々なものを『数える』ことから、数の多少の判定やかけ算、わり算の基礎までを練習できるように構成。
15．比較	比較に関する問題を５つのテーマ（数、高さ、長さ、量、重さ）に分類し、各テーマごとに問題を段階別に練習できるように構成。
16．積み木	数える対象を積み木に限定した問題集。
17．言葉の音遊び	言葉の音に関する問題を５つのテーマに分類し、各テーマごとに問題を段階別に練習できるように構成。
18．いろいろな言葉	表現力をより豊かにするいろいろな言葉として、擬態語や擬声語、同音異義語、反意語、数詞を取り上げた問題集。
19．お話の記憶	お話を聴いてその内容を記憶、理解し、設問に答える形式の問題集。
20．見る記憶・聴く記憶	「見て憶える」「聴いて憶える」という『記憶』分野に特化した問題集。
21．お話作り	いくつかの絵を元にしてお話を作る練習をして、想像力を養うことができるように構成。
22．想像画	描かれてある形や景色に好きな絵を描くことにより、想像力を養うことができるように構成。
23．切る・貼る・塗る	小学校入試で出題頻度の高い、はさみやのりなどを用いた巧緻性の問題を繰り返し練習できるように構成。
24・絵画	小学校入試で出題頻度の高い、お絵かきやぬり絵などクレヨンやクーピーペンを用いた巧緻性の問題を繰り返し練習できるように構成。
25．生活巧緻性	小学校入試で出題頻度の高い日常生活の様々な場面における巧緻性の問題集。
26．文字・数字	ひらがなの清音、濁音、拗音、拗長音、促音と１～20までの数字に焦点を絞り、練習できるように構成。
27．理科	小学校入試で出題頻度が高くなりつつある理科の問題を集めた問題集。
28．運動	出題頻度の高い運動問題を種目別に分けて構成。
29．行動観察	項目ごとに問題提起をし、「このような時はどうか、あるいはどう対処するのか」の観点から問いかける形式の問題集。
30．生活習慣	学校から家庭に提起された問題と思って、一問一問絵を見ながら話し合い、考える形式の問題集。
31．推理思考	数、量、言語、常識（含理科、一般）など、諸々のジャンルから問題を構成し、近年の小学校入試問題傾向に沿って構成。
32．ブラックボックス	箱や筒の中を通ると、どのようなお約束でどのように変化するかを推理・思考する問題集。
33．シーソー	重さの違うものをシーソーに乗せた時どちらに傾くのか、またどうすればシーソーは釣り合うのかを思考する基礎的な問題集。
34．季節	様々な行事や植物などを季節別に分類できるように知識をつける問題集。
35．重ね図形	小学校入試で頻繁に出題されている「図形を重ね合わせてできる形」についての問題を集めました。
36．同数発見	様々な物を数え「同じ数」を発見し、数の多少の判断や数の認識の基礎を学べるように構成した問題集。
37．選んで数える	数の学習の基本となる、いろいろなものの数を正しく数える学習を行う問題集。
38．たし算・ひき算１	数字を使わず、たし算とひき算の基礎を身につけるための問題集。
39．たし算・ひき算２	数字を使わず、たし算とひき算の基礎を身につけるための問題集。
40．数を分ける	数を等しく分ける問題です。等しく分けたときに余りが出るものもあります。
41．数の構成	ある数がどのような数で構成されているか学んでいきます。
42．一対多の対応	一対一の対応から、一対多の対応まで、かけ算の考え方の基礎学習を行います。
43．数のやりとり	あげたり、もらったり、数の変化をしっかりと学びます。
44．見えない数	指定された条件から数を導き出します。
45．図形分割	図形の分割に関する問題集。パズルや合成の分野にも通じる様々な問題を集めました。
46．回転図形	「回転図形」に関する問題集。やさしい問題から始め、いくつかの代表的なパターンから、段階を踏んで学習できるよう編集されています。
47．座標の移動	「マス目の指示通りに移動する問題」と「指示された数だけ移動する問題」を収録。
48．鏡図形	鏡で左右反転させた時の見え方を考えます。平面図形から立体図形、文字、絵まで。
49．しりとり	すべての学習の基礎となる「言葉」を学ぶこと、特に「語彙」を増やすことに重点をおき、さまざまなタイプの「しりとり」問題を集めました。
50．観覧車	観覧車やメリーゴーラウンドなどを舞台にした「回転系列」の問題集。「推理思考」分野の問題ですが、要素として「図形」や「数量」も含みます。
51．運筆①	鉛筆の持ち方を学び、点線なぞり、お手本を見ながらの模写で、線を引く練習をします。
52．運筆②	運筆①からさらに発展し、「欠所補完」や「迷路」などを楽しみながら、より複雑な鉛筆運びを習得することを目指します。
53．四方からの観察 積み木編	積み木を使用した「四方からの観察」に関する問題を練習できるように構成。
54．図形の構成	見本の図形がどのような部分によって形づくられているかを考えます。
55．理科②	理科的知識に関する問題を集中して練習する「常識」分野の問題集。
56．マナーとルール	道路や駅、公共の場でのマナー、安全や衛生に関する常識を学べるように構成。
57．置き換え	さまざまな具体的・抽象的事象を記号で表す「置き換え」の問題を扱います。
58．比較②	長さ・高さ・体積・数などを数学的な知識を使わず、論理的に推測する「比較」の問題を練習できるように構成。
59．欠所補完	線と線のつながり、欠けた絵に当てはまるものなどを求める「欠所補完」に取り組める問題集です。
60．言葉の音（おん）	しりとり、決まった順番の音をつなげるなど、「言葉の音」に関する問題に取り組める練習問題集です。